T0163934

LES PASSIONS

QUESTIONS ET RAISONS

Directeur : Michel MALHERBE

LES PASSIONS

David HUME, *Dissertation sur les passions*

suivi de

Michel MALHERBE
Les passions, la passion

PARIS
LIBRAIRIE PHILOSOPHIQUE J. VRIN
6 place de la Sorbonne, V[e]
2015

© *Librairie Philosophique J. VRIN*, 2015
Imprimé en France
ISBN 978-2-7116-2642-7
www.vrin.fr

PRÉSENTATION DU TEXTE

En février 1757, paraît à Londres un recueil portant le titre : *Quatre dissertations*, et comprenant les dissertations sur *les Passions*, *la Tragédie*, *la Règle du Goût*, ainsi que l'*Histoire naturelle de la Religion*. Mais l'histoire de ce petit ouvrage avait commencé bien avant sa publication. Rédigé vers 1750, il comprenait primitivement, à la place de la dissertation sur le goût, une quatrième dissertation qui traitait de « *quelques considérations préalables à la géométrie et à la philosophie naturelle* »[1]. Sur l'avis de Lord Stanhope, mathématicien réputé à qui avait été soumis le manuscrit, Hume retira et détruisit cette dissertation[2]. Pour la remplacer, il écrivit deux essais, l'un sur l'*Immortalité de l'âme*, l'autre sur le *Suicide*. En 1755, ces cinq dissertations furent imprimées, mais peu de temps avant leur parution, Hume ôta les deux dernières et amenda légèrement le texte de l'*Histoire naturelle de la religion*[3] sous la pression de certaines autorités et sous la menace de poursuites. L'essai *La règle du goût* vint combler cette lacune[4].

---

1. Lettre à Andrew Millar, 12 juin 1755, *The Letters of David Hume*, ed. J. Y. T. Greig, Oxford, Clarendon Press, 1932, I, 223.
2. Lettre à William Strahan, 25 janvier 1772, *Letters*, II, 253-254.
3. Il s'agit de deux passages de la section VI, dont la rédaction était assez provocante. *Cf.* la lettre à Adam Smith de février ou mars 1757, *Letters*, I, 245.
4. Sur tous les problèmes biographiques et bibliographiques qui entourent la publication des *Quatre dissertations*, voir l'article de E. C. Mossner, « Four Dissertations : an essay in Biography and Bibliography », in *Modern Philology*, 48, 1950, 37-57.

Ce recueil, assez hétérogène par ses sujets, mais homogène par sa méthode et son style, ne pouvait être une surprise pour les contemporains du philosophe. Celui-ci avait accédé à la notoriété et il était en passe d'être considéré comme l'un des meilleurs écrivains de son temps. Le choix des sujets était lui-même à l'image des intérêts intellectuels de l'époque et répondait à la curiosité d'un public cultivé et averti. L'essai sur *la Tragédie* reprend la question souvent débattue : comment le spectateur d'une tragédie peut-il prendre plaisir à la représentation des malheurs du héros ? Et, plus généralement, comment peut-on prendre plaisir à la représentation du malheur d'autrui ? L'essai sur *la Règle du goût* se propose d'apporter une réponse à la question, récurrente en un temps où l'on abandonne la théorie du Beau pour passer à celle du jugement de goût : comment le goût peut-il rendre des jugements universels sur des objets sensibles qui sont subjectivement perçus ? Enfin, l'*Histoire naturelle de la religion*, la dissertation la plus longue mais aussi la plus scandaleuse, aborde un sujet souvent agité qui engage l'autorité de la Bible : du polythéisme ou du théisme, quelle fut la religion primitive ?

En écrivant la *Dissertation sur les passions*, Hume n'innove pas. D'abord, le genre littéraire est bien établi : il n'est pas le premier à essayer d'introduire un ordre de composition dans le désordre des passions et dans la diversité des mœurs. Car cette sorte d'entreprise satisfait aussi bien les philosophes que les moralistes ; et au plaisir de recomposer un puzzle se joint l'utilité de jeter une lumière nouvelle sur des faits familiers, ainsi que la volonté morale de corriger les passions par la connaissance qu'on en acquiert ; sans compter le bonheur d'écriture qui accompagne toute description des passions. La raideur un peu scolaire de l'exposition est atténuée par la finesse des analyses et la qualité des illustrations, souvent empruntées à la culture commune.

Ensuite, employant la technique du coupé-collé, Hume reproduit littéralement des paragraphes entiers du second livre du *Traité de la nature humaine*. Ainsi la section I de la *Dissertation* répète à l'identique nombre de paragraphes de *Traité* II, 3, 9. Et l'on pourrait faire la même démonstration pour d'autres sections, à l'exception des sections III et V, très courtes, qui résument des développements plus importants donnés dans le *Traité*, respectivement en II, 2, 9-11 et II, 3, 3-4. L'art de Hume est tel que, malgré cet artifice, la *Dissertation* se présente comme un exposé parfaitement maîtrisé, plus ramassé que le texte correspondant du *Traité*, si maîtrisé même qu'il a les accomplissements d'un exercice de méthode. La technique littéraire est évidente. On sait qu'en matière morale il faut piquer l'intérêt du lecteur. La Rochefoucauld, que Hume évoque, usait de la maxime, la Bruyère du portrait, Addison du propos avisé et brillant. Hume emploie la technique de l'énigme : sont établis dans les sections I et II les principes d'explication, puis sont présentés des phénomènes relevant des passions qui ont certes pour charge de valider les principes mais qui supposent le plus souvent qu'on use de finesse dans l'analyse sinon qu'on résolve une contradiction. Le lecteur, surpris, ne peut qu'apprécier.

Le changement le plus manifeste du *Traité* à la *Dissertation* concerne l'ordre d'exposition : la *Dissertation* suit un ordre qui est de composition et non d'analyse. Il est donc logique que, à l'inverse du *Traité*, le philosophe commence par exposer les passions directes (section I), avant d'en venir aux passions indirectes (sections II et III).

Pourquoi Hume procède-t-il ainsi ? D'abord, il sacrifie au genre. Ensuite, il poursuit son programme de recyclage du *Traité*, le livre II consacré aux passions n'ayant pas fait l'objet d'une réécriture, comme le livre I et le livre III dans les deux *Enquêtes* ; et il importait de compléter l'ordre des matières des *Essays and Treatises*. Et il ne faut pas oublier que la *Dissertation* pouvait paraître nouvelle, puisque le *Traité* n'avait pas été réédité et que, en 1757, sa parution remontait à dix-huit ans. Enfin, les passions pouvaient fournir, une fois la science de l'entendement faite, une application exemplaire de la méthode [1]. Les applications qui avaient été données dans l'*Enquête sur l'entendement humain* étaient essentiellement critiques et tournées contre les abus de la mauvaise métaphysique ; Hume propose ici à ses contemporains quelque chose de plus immédiat et peut-être de plus utile : une science des passions.

PRINCIPES DE LA PRÉSENTE TRADUCTION

Conformément au vœu de Hume, la vieille édition de T. H. Green et T. H. Grose, *The philosophical Works of David Hume* (London, 1874-1875) donnait dans le volume IV l'*Enquête sur l'entendement humain*, suivi de la *Dissertation sur les Passions*, avant l'*Enquête sur les principes de la morale* reproduisant ainsi l'ordre du *Traité de la nature humaine*, et à la suite était placée l'*Histoire naturelle de la religion* [2]. Nous disposons aujourd'hui, dans le cadre de la « Clarendon Edition of the Works of David Hume » d'une excellente édition scientifique de la *Dissertation*

---

1. On en trouve d'autres dans les *Essais moraux, politiques et littéraires*, par exemple dans l'explication des transformations de l'Angleterre pendant le long ministère Walpole (*cf.* notre étude : « Science politique et science historique dans les *Essais* de David Hume », dans *Hume et le concept de société civile*, études réunies par Claude Gautier, Paris, P.U.F., 2001).

2. C'est l'ordre adopté et ensuite conservé par Hume en 1758 dans l'édition de ses *Essays and treatises on several subjects*.

(jointe à l'*Histoire naturelle de la religion*), édition assurée par Tom L. Beauchamp (Oxford, Clarendon Press, 2007). On trouvera dans ce volume, outre le texte, l'histoire des éditions successives, une comparaison page à page, ligne à ligne, de la *Dissertation* avec le livre II du *Traité de la nature humaine*, les corrections et les variantes les plus notables, de précieuses annotations de l'éditeur ainsi qu'une bibliographie.

La première traduction de la *Dissertation* fut donnée dans le volume IV des *Œuvres philosophiques de Mr. D. Hume* (Amsterdam, 1758-1760), traduction reproduite dans les différentes éditions de cette collection. Elle fut faite à Berlin par Jean-Bernard Mérian qui était né à Bâle et n'avait pas le français pour langue maternelle. Cette traduction qui ne fut pas revue par Formey est assez médiocre [1]. Une traduction nouvelle a été donnée par Jean-Pierre Cléro, précédant le livre II du *Traité de la nature humaine* (Paris, Flammarion, 1991).

Nous reproduisons ici, avec quelques menues corrections, la traduction que nous avons-nous-même donnée en 2004 aux éditions Vrin. Afin d'une meilleure lisibilité, nous avons modernisé la ponctuation du texte anglais ; mais nous en avons conservé l'orthographe, parfois ancienne.

La langue de Hume est claire et n'offre pas de difficultés particulières, sinon les intraduisibles bien connus. *Good and evil* ne sont pas bien rendus par *bien et mal* en français. Il faudrait pouvoir susbstantiver *bon et mauvais*. *Uneasiness* serait bien rendu par *mésaise*, si ce mot n'avait pas vieilli ; nous l'avons traduit par *incommodité*, *gêne*. *Feeling* est, on le sait intraduisible, et l'est encore plus dans l'expression

---

1. Elle a été reprise, avec quelques corrections, par C. Hoogaert, sous le titre *Réflexions sur les passions*, présentation de M. Meyer, Paris, Le Livre de Poche, 1990 et dans la toute récente édition scolaire donnée par Christian Ruby, Paris, Ellipses, 2015.

feeling and sentiment que nous avons traduite par *l'impression et le sentiment*. C'est une question de savoir s'il faut traduire *mind* par *âme* ou *esprit*. La traduction ordinaire au XVIIIᵉ siècle est *âme*, quand ce n'est pas la faculté proprement intellectuelle qui est mise en avant. Dans la *Dissertation*, par trois fois, Hume emploie le mot *soul* là où il aurait pu écrire *mind*. Fort de ce précédent qui vaut autorisation, nous avons employé selon le contexte l'un ou l'autre mot, laissant au lecteur d'apprécier notre choix.

Les notes de Hume sont appelées par un astérisque ; nos propres notes par des chiffres arabes. Nous avons renvoyé en note sous le texte anglais aux chapitres et aux paragraphes du livre II du *Traité de la nature humaine*, chaque fois que l'emprunt de la *Dissertation* était significatif. La correspondance entre les paragraphes est à lire à partir du texte de la *Dissertation*, en remontant à partir de l'appel de note. Cela ne saurait remplacer la comparaison systématique donnée par T. Beauchamp, qui est fort instructive sur le travail de composition de Hume.

DAVID HUME

DISSERTATION SUR LES PASSIONS

A DISSERTATION ON THE PASSIONS

Section I

1. Some objects produce immediately an agreeable sensation, by the original structure of our organs, and are thence denominated *good*; as others, from their immediate disagreeable sensation, acquire the appellation of *evil*. Thus moderate warmth is agreeable and good; excessive heat painful and evil.

Some objects again, by being naturally conformable or contrary to passion, excite an agreeable or painful sensation; and are thence called *good* or *evil*. The punishment of an adversary, by gratifying revenge, is good; the sickness of a companion, by affecting friendship, is evil.

2. All good or evil, whence-ever it arises, produces various passions and affections, according to the light in which it is surveyed.

When good is certain or very probable, it produces joy; when evil is in the same situation, there arises grief or sorrow.

When either good or evil is uncertain, it gives rise to fear or hope, according to the degree of uncertainty on one side or the other.

Desire arises from good considered simply; and aversion, from evil. The will exerts itself, when either the presence of the good or absence of the evil may be attained by any action of the mind or body [1].

3. None of these passions seem to contain any thing curious or remarkable, except *hope* and *fear*, which, being derived from the probability of any good or evil, are mixed passions that merit our attention.

1. *Treatise*, (désormais T) II, 3, 9, § 5-7.

1. Certains objets produisent immédiatement une sensation agréable, à cause de la structure primitive de nos organes ; et c'est pourquoi nous les disons *bons*. D'autres, produisant une sensation immédiatement désagréable, sont dénommés *mauvais*. Ainsi, une chaleur douce est agréable et bonne ; une chaleur excessive est pénible et mauvaise.

D'autres objets encore, par leur conformité ou leur contrariété naturelle à nos passions, suscitent une sensation agréable ou pénible ; et c'est pourquoi nous les disons *bons* ou *mauvais*. Le châtiment d'un ennemi est *bon*, parce qu'il satisfait notre désir de vengeance ; la maladie d'un être cher est *mauvaise* parce qu'elle nous touche dans notre amitié.

2. Tous les biens et tous les maux, d'où qu'ils naissent, produisent diverses passions et affections, selon le jour où ils sont envisagés.

Quand le bien est certain ou très probable, il produit la *joie*. Quand il en est de même d'un mal, naît la *tristesse* ou le *chagrin*.

Quand le bien ou le mal est incertain, il suscite la *crainte* ou l'*espoir*, selon que l'incertitude est plus ou moins grande d'un côté ou de l'autre.

Le *désir* naît du bien, considéré simplement ; l'*aversion* naît du mal de même façon. La *volonté* agit toutes les fois que par une action de l'esprit ou du corps on peut rendre présent le bien ou absent le mal.

3. Aucune de ces passions ne semble rien renfermer de curieux ou de remarquable, sauf l'*espoir* et la *crainte* qui découlent de la probabilité du bien ou du mal et qui sont à ce titre des passions mixtes, dignes de notre attention.

Probability arises from an opposition of contrary chances or causes, by which the mind is not allowed to fix on either side; but is incessantly tossed from one to another, and is determined, one moment, to consider an object as existent, and another moment as the contrary. The imagination or understanding, call it which you please, fluctuates between the opposite views; and though perhaps it may be oftener turned to one side than the other, it is impossible for it, by reason of the opposition of causes or chances, to rest on either. The *pro* and *con* of the question alternately prevail; and the mind, surveying the objects in their opposite causes, finds such a contrariety as destroys all certainty or established opinion.

Suppose, then, that the object, concerning which we are doubtful, produces either desire or aversion; it is evident that, according as the mind turns itself to one side or the other, it must feel a momentary impression of joy or sorrow. An object, whose existence we desire, gives satisfaction, when we think of those causes which produce it; and for the same reason, excites grief or uneasiness from the opposite consideration. So that, as the understanding, in probable questions, is divided between the contrary points of view, the heart must in the same manner be divided between opposite emotions.

Now, if we consider the human mind, we shall observe that, with regard to the passions, it is not like a wind instrument of music which, in running over all the notes, immediately loses the sound when the breath ceases; but rather resembles a string-instrument where, after each stroke, the vibrations still retain some sound which gradually and insensibly decays. The imagination is extremely quick and agile; but the passions, in comparison, are slow and restive : For which reason, when any object is presented which affords a variety of

La probabilité naît de l'opposition de chances ou de causes contraires qui interdisent à l'esprit de se fixer d'un côté ou de l'autre ; il est constamment ballotté entre les deux ; à un moment donné, il est déterminé à considérer l'objet comme existant et au moment suivant c'est l'inverse. L'imagination ou l'entendement, employez le nom que vous voudrez, flotte entre ces points de vue opposés ; et bien qu'il soit peut-être tourné plus souvent d'un côté que de l'autre, il lui est impossible, en raison de l'opposition des causes ou des chances, de se reposer dans aucun des deux. Le *pour* et le *contre* de la question l'emportent tour à tour ; et l'esprit, envisageant les objets dans leurs causes opposées, rencontre une telle contrariété qu'il est incapable d'aucune certitude, d'aucune opinion établie.

Supposons donc que l'objet dont nous sommes incertains suscite notre désir ou notre aversion ; il est évident que, selon le côté où l'esprit se tourne, il doit éprouver une impression momentanée de joie ou de chagrin. Un objet dont nous désirons l'existence nous donne de la satisfaction quand nous songeons aux causes qui le produisent ; et pour la même raison il nous attriste ou nous inquiète par une considération inverse. De sorte que, l'entendement étant dans les questions de probabilité partagé entre les points de vue contraires, le cœur doit être partagé de la même manière entre les émotions opposées.

Or, à bien considérer l'âme humaine, nous verrons qu'elle n'est pas, touchant les passions, comme un instrument à vent qui, passant de note en note, cesse de rendre un son dès que cesse le souffle ; elle ressemble plutôt à un instrument à cordes dont les vibrations gardent à chaque attaque une part du son, un son qui s'atténue par degrés et insensiblement. L'imagination est extrêmement prompte et agile ; mais en comparaison les passions sont lentes et rétives. C'est pourquoi, quand se présente un objet qui suscite dans la première une variété de

views to the one and emotions to the other, though the fancy may change its views with great celerity, each stroke will not produce a clear and distinct note of passion, but the one passion will always be mixed and confounded with the other. According as the probability inclines to good or evil, the passion of grief or joy predominates in the composition; and these passions being intermingled by means of the contrary views of the imagination, produce by the union the passions of hope or fear [1].

4. As this theory seems to carry its own evidence along with it, we shall be more concise in our proofs.

The passions of fear and hope may arise, when the chances are equal on both sides, and no superiority can be discovered in one above the other. Nay, in this situation the passions are rather the strongest, as the mind has then the least foundation to rest upon, and is tost with the greatest uncertainty. Throw in a superior degree of probability to the side of grief, you immediately see that passion diffuse itself over the composition, and tincture it into fear. Increase the probability, and by that means the grief; the fear prevails still more and more, 'till at last it runs insensibly, as the joy continually diminishes, into pure grief. After you have brought it to this situation, diminish the grief, by a contrary operation to that which increased it, to wit, by diminishing the probability on the melancholy side; and you will see the passion clear every moment, 'till it changes insensibly into hope; which again runs, by slow degrees, into joy, as you increase that part of the composition by the increase of the probability. Are not these as plain proofs, that the passions of fear and hope are mixtures of grief and joy, as in optics it is a proof, that a colored ray of the sun,

1. T, II, 3, 9, § 9-12.

vues et dans les secondes une variété d'émotions, bien que l'imagination puisse passer d'une vue à l'autre avec beaucoup de rapidité, chaque attaque de note ne rendra pas une passion claire et distincte, mais d'une passion à l'autre il y aura toujours mélange et confusion. Selon que la probabilité penche davantage vers le bien ou vers le mal, la passion de tristesse ou de joie sera dominante dans la composition; et ces passions, étant entremêlées par les vues contraires de l'imagination, produiront par leur union les passions d'espoir ou de crainte.

4. Comme cette théorie semble très évidente par elle-même, je serai plus rapide sur les preuves.

Les passions de crainte et d'espoir peuvent naître quand il y a autant de chances de part et d'autre, sans qu'on décèle une quelconque supériorité d'un des deux côtés. C'est même dans cette situation qu'on peut attendre que les passions soient les plus fortes, puisque l'âme n'a rien sur quoi se reposer et qu'elle est la proie de l'incertitude la plus totale. Mettez un degré supérieur de probabilité du côté de la tristesse, vous voyez immédiatement cette passion se répandre sur le composé et lui donner les couleurs de la crainte. Augmentez encore la probabilité, et par ce moyen la tristesse; la crainte domine de plus en plus, jusqu'à ce que, insensiblement, à mesure que la joie diminue davantage, elle se change à la fin en pure tristesse. Après que vous l'avez portée à cet extrême, diminuez la tristesse, par une opération contraire à celle qui l'a augmentée, c'est-à-dire en diminuant la probabilité du côté de la mélancolie, et vous verrez la passion s'éclaircir d'instant en instant, jusqu'à ce qu'elle se change insensiblement en espoir, lequel se change lentement en joie à mesure que vous augmentez cette part du composé en augmentant la probabilité. Ne trouve-t-on pas là la preuve manifeste que les passions de crainte et d'espoir sont des mélanges de tristesse et de joie ? N'est-ce pas ainsi que, dans l'optique, on prouve qu'un rayon coloré du soleil,

passing through a prism, is a composition of two others, when, as you diminish or increase the quantity of either, you find it prevail proportionally, more or less, in the composition [1] ?

5. Probability is of two kinds : either when the object is itself uncertain, and to be determined by chance; or when, though the object be already certain, yet it is uncertain to our judgment, which finds a number of proofs or presumptions on each side of the question. Both these kinds of probability cause fear and hope; which must proceed from that property in which they agree, namely, the uncertainty and fluctuation which they bestow on the passion, by that contrariety of views which is common to both [2].

6. It is a probable good or evil, which commonly causes hope or fear; because probability, producing an inconstant and wavering survey of an object, occasions naturally a like mixture and uncertainty of passion. But we may observe that, wherever, from other causes, this mixture can be produced, the passions of fear and hope will arise, even though there be no probability.

An evil, conceived as barely *possible*, sometimes produces fear; especially if the evil be very great. A man cannot think on excessive pain and torture without trembling, if he runs the least risque of suffering them. The smallness of the probability is compensated by the greatness of the evil.

But even *impossible* evils cause fear; as when we tremble on the brink of a precipice, though we know ourselves to be in perfect security, and have it in our choice, whether we will advance a step farther. The immediate presence of the evil influences the imagination and produces a species of belief; but being opposed by the reflection on our security, that belief

1. T, II, 3, 9, § 18-19.
2. T, II, 3, 9, § 20.

passant à travers un prisme, est la composition de deux autres, si, diminuant ou accroissant la quantité de l'un, l'on trouve dans le composé une diminution ou un accroissement proportionnel ?

5. La probabilité est de deux sortes : ou l'objet est lui-même incertain et doit au hasard sa détermination ; ou, quoiqu'il soit déjà certain, cependant il reste incertain à notre jugement qui trouve un certain nombre de preuves ou de présomptions des deux côtés de la question. Ces deux sortes de probabilité causent l'espoir et la crainte, et cela par la propriété qu'elles partagent, je veux dire, l'incertitude et la fluctuation qu'elles communiquent à la passion, du fait de cette contrariété de vues qui leur est commune.

6. C'est un bien ou un mal probable qui cause ordinairement l'espoir ou la crainte, puisque, la probabilité donnant de l'objet une vue inconstante et hésitante, il est naturel qu'elle occasionne un mélange et une incertitude semblable de la passion. Mais nous pouvons observer que partout où ce mélange peut être produit par d'autres causes, les passions d'espoir et de crainte apparaîtront, même si la probabilité n'intervient pas.

Un mal qui est conçu comme simplement *possible*, produit parfois de la crainte, surtout si ce mal est très grand. On ne manque pas de trembler à l'idée d'une violente douleur et d'un grand tourment, si on court le moindre risque de l'endurer. Le peu de probabilité est compensé par la grandeur du mal.

Même un mal *impossible* cause de la crainte, quand, par exemple, nous tremblons sur le bord d'un précipice, bien que nous nous sachions en parfaite sécurité et qu'il ne dépende que de nous de faire ou non un pas en avant. La présence immédiate du mal influence notre imagination et produit une sorte de croyance ; mais comme cette croyance est contrariée

is immediately retracted, and causes the same kind of passion, as when, from a contrariety of chances, contrary passions are produced.

Evils, which are *certain*, have sometimes the same effect as the possible or impossible. A man, in a strong prison, without the least means of escape, trembles at the thoughts of the rack to which he is sentenced. The evil is here fixed in itself; but the mind has not courage to fix upon it; and this fluctuation gives rise to a passion of a similar appearance with fear [1].

7. But it is not only where good or evil is uncertain as to its *existence*, but also as to its *kind*, that fear or hope arises. If any one were told that one of his sons is suddenly killed, the passion, occasioned by this event, would not settle into grief, 'till he got certain information which of his sons he had lost. Though each side of the question produces here the same passion; that passion cannot settle, but receives from the imagination, which is unfixed, a tremulous unsteady motion, resembling the mixture and contention of grief and joy [2].

8. Thus all kinds of uncertainty have a strong connexion with fear, even though they do not cause any opposition of passions, by the opposite views which they present to us. Should I leave a friend in any malady, I should feel more anxiety upon his account than if he were present; though perhaps I am not only incapable of giving him assistance but likewise of judging concerning the event of his sickness. There are a thousand little circumstances of his situation and condition, which I desire to know; and the knowledge of them would prevent that fluctuation and uncertainty, so nearly allied to fear. Horace has remarked this phaenomenon.

1. T, II, 3, 9, § 21-24.
2. T, II, 3, 9, § 25.

par la pensée que nous sommes en sécurité, elle est aussitôt rétractée, causant ainsi la même sorte de passion que lorsque des passions contraires sont produites par des chances contraires.

Les maux qui sont *certains* ont parfois le même effet que les maux possibles ou impossibles. Un homme, enfermé dans une solide prison, sans aucun moyen de s'échapper, tremble à l'idée du supplice auquel il est condamné. Le mal est ici parfaitement fixé ; mais l'esprit n'a pas le courage de s'y fixer ; et ce flottement donne naissance à une passion qui a même apparence que la crainte.

7. Mais ce n'est pas seulement quand le bien ou le mal est incertain dans son *existence*, mais aussi dans son *genre*, que naît l'espoir ou la crainte. Imaginez qu'un homme soit averti de la mort soudaine de l'un de ses fils, la passion que lui cause cet événement ne deviendra pas tristesse réelle avant qu'il n'obtienne de savoir lequel de ses fils il a perdu. Bien que chaque côté de la question produise ici la même passion, cette passion ne peut s'établir, mais reçoit de l'imagination, qui n'est pas assise, un mouvement instable, comme un tremblement, qui ressemble au mélange et au conflit du chagrin et de la joie.

8. Ainsi, toutes les sortes d'incertitude ont une forte liaison avec la crainte, même si elles ne causent pas une opposition dans les passions par l'opposition des vues qu'elles présentent. Dois-je quitter un ami tombé malade ? J'éprouve davantage d'inquiétude à son sujet que s'il était présent, bien que, peut-être, je sois incapable de lui porter assistance et même de juger du tour que prendra sa maladie. Il y a mille menus détails de son état et de sa condition que je désirerais connaître ; et si je les connaissais, j'éviterais ce flottement et cette incertitude si étroitement alliés à la crainte. Horace a remarqué ce phénomène :

Ut assidens implumibus pullus avis
Serpentium allapsus timet,
Magis relictis; non, ut adsit, auxili
Latura plus praesentibus.

A virgin on her bridal-night goes to bed full of fears and apprehensions, though she expects nothing but pleasure. The confusion of wishes and joys, the newness and greatness of the unknown event, so embarrass the mind that it knows not in what image or passion to fix itself[1].

9. Concerning the mixture of affections, we may remark, in general, that when contrary passions arise from objects nowise connected together, they take place alternately. Thus when a man is afflicted for the loss of a law-suit, and joyful for the birth of a son, the mind, running from the agreeable to the calamitous object; with whatever celerity it may perform this motion, can scarcely temper the one affection with the other, and remain between them in a state of indifference.

It more easily attains that calm situation, when the *same* event is of a mixed nature and contains something adverse and something prosperous in its different circumstances. For in that case, both the passions, mingling with each other by means of the relation, often become mutually destructive and leave the mind in perfect tranquillity.

---

1. T, II, 3, 9, § 27-29.

Ut assidens implumibus pullis avis
Serpentium allapsus timet,
Magis relictis ; non, ut adsit, auxili
Latura plus præsentibus[1].

Une vierge, à sa nuit de noces, se couche pleine de craintes et d'appréhensions, bien quelle n'attende que du plaisir. La confusion de ses vœux et de ses joies, la nouveauté et l'importance de l'événement encore inconnu, embarrassent tant son esprit qu'elle ne sait à quelle image ou quelle passion s'attacher.

9. Touchant le mélange des affections, nous pouvons observer d'une manière générale que, quand des passions contraires naissent d'objets qui ne sont liés ensemble d'aucune façon, elles s'imposent tour à tour. Ainsi, quand un homme est affligé par la perte d'un procès, mais tout joyeux de la naissance d'un fils, son esprit se précipite de l'objet qui est agréable à l'autre qui est désastreux ; et, quelle que soit la rapidité avec laquelle se fait ce passage, il ne réussit pas à modérer une affection par l'autre, et demeure entre les deux dans un état d'indifférence.

L'esprit atteint plus aisément cet état de calme, quand le *même* événement est d'une nature mixte et renferme dans ses différentes circonstances quelque chose d'heureux et quelque chose de contraire. Car dans ce cas les deux passions se mêlant l'une à l'autre par le moyen de cette relation, souvent se détruisent mutuellement et laissent l'esprit dans une parfaite tranquillité.

---

1. Horace, *Epodes*, I, 19-22. « Ainsi l'oiseau qui veille sur ses petits sans plumes craint davantage les attaques du serpent, quand il les quitte, quoique, même auprès d'eux, il ne leur serait pas d'un grand secours par sa présence ».

But suppose that the object is not a compound of good and evil, but is considered as probable or improbable in any degree; in that case, the contrary passions will both of them be present at once in the soul and, instead of balancing and tempering each other, will subsist together, and by their union produce a third impression or affection such as hope or fear [1].

The influence of the relations of ideas (which we shall explain more fully afterwards) is plainly seen in this affair. In contrary passions, if the objects be *totally different*, the passions are like two opposite liquors in different bottles which have no influence on each other. If the objects be intimately *connected*, the passions are like an *alcali* and an *acid* which, being mingled, destroy each other. If the relation be more imperfect, and consist in the *contradictory* views of the *same* object, the passions are like oil and vinegar which, however mingled, never perfectly unite and incorporate [2].

The effect of a mixture of passions, when one of them is predominant, and swallows up the other, shall be explained afterwards.

SECTION II

1. Besides those passions above-mentioned, which arise from a direct pursuit of good and aversion to evil, there are others which are of a more complicated nature and imply more than one view or consideration. Thus *Pride* is a certain satisfaction in ourselves, on account of some accomplishment or possession, which we enjoy : *Humility*, on the other hand, is a dissatisfaction with ourselves, on account of some defect or infirmity.

1. T, II, 3, 9, § 14-16.
2. T, II, 3, 9, § 14-17.

Mais supposez que l'objet ne soit pas un composé de bien et de mal, mais qu'il soit en quelque degré considéré comme probable ou improbable, alors les passions contraires seront toutes les deux présentes en même temps dans l'âme et, au lieu de s'équilibrer et de se modérer mutuellement, elles subsisteront ensemble et par leur union elles produiront une troisième impression ou affection, celle de l'espoir ou de la crainte.

L'influence des relations d'idées (que nous expliquerons davantage plus bas) est clairement visible dans cette affaire. Dans des passions contraires, si les objets sont *totalement différents*, les passions sont comme deux liquides opposés, versés dans des bouteilles différentes et ne pouvant agir l'un sur l'autre. Si les objets sont étroitement *reliés*, les passions sont comme *l'acide* et *l'alcali* qui, étant mélangés, se détruisent mutuellement. Si la relation est plus imparfaite et consiste dans les vues *contradictoires* du *même* objet, alors les passions sont comme *l'huile* et *le vinaigre* qui, quoique mélangés, ne s'unissent et ne se pénètrent jamais parfaitement.

Les effets du mélange des passions, quand l'une domine sur l'autre et l'absorbe, seront expliqués plus bas.

SECTION II

1. Outre les passions dont il vient d'être question et qui naissent de la poursuite directe du bien et de l'horreur immédiate du mal, il y en a d'autres qui sont d'une nature plus complexe et qui comportent plus d'une vue ou considération. Ainsi, l'*orgueil* est une certaine satisfaction que nous tirons de nous-mêmes, à cause de quelque perfection ou possession que nous avons en partage ; l'*humilité*, de son côté, est un sentiment où nous sommes mécontents de nous-mêmes, à cause de telle faiblesse ou de telle infirmité.

Love or *Friendship* is a complacency in another, on account of his accomplishments or services : *Hatred*, the contrary.

2. In these two sets of passion, there is an obvious distinction to be made between the *object* of the passion and its *cause*. The object of pride and humility is self; the cause of the passion is some excellence in the former case; some fault, in the latter. The object of love and hatred is some other person ; the causes, in like manner, are either excellencies or faults.

With regard to all these passions, the causes are what excite the emotion; the object is what the mind directs its view to when the emotion is excited. Our merit, for instance, raises pride ; and it is essential to pride to turn our view on ourselves with complacency and satisfaction.

Now, as the causes of these passions are very numerous and various, though their object be uniform and simple, it may be a subject of curiosity to consider what that circumstance is in which all these various causes agree ; or in other words, what is the real efficient cause of the passion. We shall begin with pride and humility.

3. In order to explain the causes of these passions, we must reflect on certain principles, which, though they have a mighty influence on every operation, both of the understanding and passions, are not commonly much insisted on by philosophers. The first of these is the *association* of ideas, or that principle by which we make an easy transition from one idea to another. However uncertain and changeable our thoughts may be, they are not entirely without rule and method in their changes. They usually pass with regularity, from one object, to what resembles it,

L'*amour* et l'*amitié* sont une complaisance envers autrui, à cause des perfections qu'il a ou des services qu'il rend ; la *haine* est le contraire.

2. Dans ces deux groupes de passions, il y a une distinction évidente qui doit être faite entre l'*objet* de la passion et sa *cause*. L'objet de l'orgueil et de l'humilité est le moi ; la cause de la passion est quelque excellence dans le premier cas, quelque défaut dans le second. L'objet de l'amour et de la haine est une autre personne ; les causes en sont également ou d'excellence ou de défaut.

Dans toutes ces passions, les causes sont ce qui excite l'émotion ; l'objet est ce vers quoi l'esprit dirige sa vue quand l'émotion est excitée. Notre mérite, par exemple, nous remplit d'orgueil ; et il est de la nature de l'orgueil de tourner sur nous-mêmes une vue complaisante et satisfaite.

Or, comme les causes de ces passions sont très nombreuses et diverses, quoique leur objet soit uniforme et simple, il peut être curieux de rechercher la circonstance commune à toutes ces causes différentes ou, en d'autres mots, quelle est la vraie cause efficiente de la passion. Je commence avec l'orgueil et l'humilité.

3. Afin d'expliquer les causes de ces passions, nous devons considérer certains principes qui, malgré la puissante influence qu'ils ont sur toutes les opérations de l'entendement et des passions, ne sont guère relevés d'ordinaire par les philosophes. Le premier de ces principes est l'*association* des idées, c'est-à-dire, le principe qui facilite la transition d'une idée à une autre. Si incertaines et changeantes que soient nos pensées, elles ne sont pas entièrement dépourvues de règle ni de méthode dans leurs changements. Le plus souvent, elles passent avec régularité d'un premier objet à un autre qui lui ressemble,

is contiguous to it, or produced by it*. When one idea is present to the imagination, any other, united by these relations, naturally follows it and enters with more facility, by means of that introduction

The *second* property, which I shall observe in the human mind, is a like association of impressions or emotions. All *resembling* impressions are connected together; and no sooner one arises, than the rest naturally follow. Grief and disappointment give rise to anger, anger to envy, envy to malice, and malice to grief again. In like manner, our temper, when elevated with joy, naturally throws itself into love, generosity, courage, pride, and other resembling affections.

In the *third* place, it is observable of these two kinds of association, that they very much assist and forward each other and that the transition is more easily made where they both concur in the same object. Thus, a man who, by an injury received from another, is very much discomposed and ruffled in his temper, is apt to find a hundred subjects of hatred, discontent, impatience, fear, and other uneasy passions; especially, if he can discover these subjects in or near the person who was the object of his first emotion. Those principles, which forward the transition of ideas, here concur with those which operate on the passions; and both, uniting in one action, bestow on the mind a double impulse.

Upon this occasion I may cite a passage from an elegant writer, who expresses himself in the following manner** :

---

* *See Enquiry concerning Human Understanding*, section 3.
** Addison, *Spectator*, No. 412.

qui lui est contigu ou qui est produit par lui*. Quand une idée est présente à l'imagination, toute autre idée qui lui est unie par ces relations, vient naturellement à sa suite et s'impose plus facilement par cette introduction.

La deuxième propriété que j'observerai dans l'esprit humain, est une association semblable des impressions ou des émotions. Toutes les impressions qui *se ressemblent* sont liées entre elles ; et l'une n'est pas plus tôt présente que les autres suivent naturellement. Le chagrin et la déception donnent naissance à la colère, la colère à l'envie, l'envie à la méchanceté, et la méchanceté ramène au chagrin. De même façon, notre humeur, quand elle est portée par la joie, nous incline naturellement à l'amour, à la générosité, au courage, à la fierté, et aux autres affections semblables.

En troisième lieu, on peut observer que ces deux sortes d'association s'entraident beaucoup et se renforcent mutuellement, et que la transition se fait plus facilement quand les deux interviennent dans le même objet. Ainsi un homme qui a subi une offense et dont l'humeur est toute contrariée et révoltée, trouve partout des sujets de haine, de mécontentement, d'impatience, de crainte et de tant d'autres passions incommodes ; surtout s'il découvre qu'il y va de près ou directement de la personne qui fut l'objet de sa première émotion. Les principes qui favorisent la transition des idées se joignent ici à ceux qui agissent sur les passions ; et leur réunion dans une seule action donne à l'esprit une double impulsion.

A cette occasion, je voudrais donner un passage d'un élégant écrivain qui s'exprime de la manière suivante** :

---

* Voir l'*Enquête sur l'entendement humain*, sect. III, « de l'association des idées ».

** Addison, *Le spectateur ou le Socrate moderne*, n° 412 [23 juin 1712].

« As the fancy delights in every thing, that is great, strange, or beautiful, and is still the more pleased the more it finds of these perfections in the *same* object, so it is capable of receiving new satisfaction by the assistance of another sense. Thus, any continual sound, as the music of birds, or a fall of waters, awakens every moment the mind of the beholder, and makes him more attentive to the several beauties of the place that lie before him. Thus, if there arises a fragrancy of smells or perfumes, they heighten the pleasure of the imagination and make even the colours and verdure of the landscape appear more agreeable; for the ideas of both senses recommend each other, and are pleasanter together than where they enter the mind separately; as the different colours of a picture, when they are well disposed, set off one another and receive an additional beauty from the advantage of the situation. » In these phaenomena, we may remark the association both of impressions and ideas; as well as the mutual assistance these associations lend to each other [1].

4. It seems to me, that both these species of relation have place in producing *Pride* or *Humility*, and are the real, efficient causes of the passion.

With regard to the first relation, that of ideas, there can be no question. Whatever we are proud of must, in some manner, belong to us. It is always *our* knowledge, *our* sense, beauty, possessions, family, on which we value ourselves. Self, which is the *object* of the passion, must still be related to that quality or circumstance which *causes* the passion. There must be a connexion between them, an easy transition of the imagination or a facility of the conception in passing from one to the other. Where this connexion is wanting, no object can either excite pride or humility; and the more you weaken the connexion, the more you weaken the passion.

1. T, II, 1, 4, § 2-5.

« De même que l'imagination est agréablement affectée par tout ce qui est grand, singulier ou beau, et se plaît d'autant plus à ces perfections qu'elle les trouve davantage réunies dans le *même* objet, de même sait-elle retirer de l'assistance d'un autre sens une nouvelle satisfaction. Ainsi, un son continu, comme le chant des oiseaux ou le bruit d'une cascade, réveille à tout instant l'âme du spectateur, et la rend plus attentive aux beautés du lieu qui s'étend devant lui. Ainsi, quand des parfums ou des senteurs embaument, le plaisir de l'imagination s'augmente, elle trouve plus d'agrément encore dans les couleurs et la verdure du paysage ; car les idées des deux sens se confortent mutuellement et sont plus plaisantes ensemble que si elles entraient dans l'âme séparément. Il en va comme dans un tableau où l'heureux agencement des couleurs les fait ressortir avantageusement et les place, si elles sont bien disposées, sous un plus beau jour ». De tels phénomènes illustrent la double association des impressions et des idées, et l'assistance mutuelle qu'elles se prêtent.

4. Il me semble que ces deux espèces de relations interviennent dans la naissance de l'*orgueil* et l'*humilité* et sont les véritables causes efficientes de ces passions.

Touchant la première relation, celle des idées, on n'en saurait douter. Tout ce dont nous sommes fiers, doit en quelque manière nous appartenir. C'est toujours *notre* connaissance, *notre* finesse, *notre* beauté, *nos* possessions, *notre* famille, qui nous donnent une haute opinion de nous-mêmes. Ce moi qui est l'*objet* de la passion doit encore être relié à la qualité ou à la circonstance qui *cause* la passion. Il doit y avoir une liaison entre eux, une transition facile de l'imagination, une facilité de la pensée de passer de l'un à l'autre. Quand cette liaison fait défaut, aucun objet ne peut susciter l'orgueil ou l'humilité ; et plus vous affaiblissez la liaison, plus vous affaiblissez la passion.

5. The only subject of enquiry is, whether there be a like relation of impressions or sentiments, wherever pride or humility is felt; whether the circumstance which causes the passion, previously excites a sentiment similar to the passion; and whether there be an easy transfusion of the one into the other.

The feeling or sentiment of pride is agreeable; of humility, painful. An agreeable sensation is, therefore, related to the former; a painful, to the latter. And if we find, after examination, that every object which produces pride, produces also a separate pleasure, and every object which causes humility, excites in like manner a separate uneasiness, we must allow, in that case, that the present theory is fully proved and ascertained. The double relation of ideas and sentiments will be acknowledged incontestable.

6. To begin with personal merit and demerit, the most obvious causes of these passions; it would be entirely foreign to our present purpose to examine the foundation of moral distinctions. It is sufficient to observe that the foregoing theory concerning the origin of the passions may be defended on any hypothesis. The most probable system, which has been advanced to explain the difference between vice and virtue, is, that either from a primary constitution of nature, or from a sense of public or private interest, certain characters, upon the very view and contemplation, produce uneasiness; and others, in like manner, excite pleasure. The uneasiness and satisfaction, produced in the spectator, are essential to vice and virtue. To approve of a character is to feel a delight upon its appearance. To disapprove of it is to be sensible of an uneasiness. The pain and pleasure, therefore, being, in a manner, the primary source of blame or praise, must also be the causes of all their effects; and consequently, the causes

5. Le seul point à établir est s'il y a une relation semblable d'impressions ou de sentiments, chaque fois que l'on éprouve de l'orgueil ou de l'humilité ; si la circonstance qui cause la passion suscite d'abord un sentiment semblable à la passion ; et s'il y a une transfusion facile entre les deux.

L'impression ou le sentiment d'orgueil est agréable ; celui d'humilité pénible. Une sensation agréable est donc attachée au premier ; une sensation pénible au second. Et si nous trouvons après examen que tout objet qui produit l'orgueil produit aussi un plaisir distinct, et que tout objet qui cause l'humilité suscite une impression incommode qui en est de même manière distincte, alors nous devrons avouer que la présente théorie est parfaitement prouvée et établie. L'existence de la double relation, d'idées et de sentiments, sera admise comme étant incontestable.

6. Commençons avec le mérite et le démérite personnel, la cause la plus évidente de ces passions. Il n'est pas du tout dans notre propos d'examiner le fondement des distinctions morales. Qu'il suffise d'observer que notre théorie sur l'origine des passions peut être défendue, quelle que soit l'hypothèse retenue. Le système le plus probable qu'on ait avancé pour expliquer la différence entre le vice et la vertu, est que, soit par une constitution primitive de la nature soit par notre sens de l'intérêt public ou de l'intérêt privé, certains caractères incommodent l'âme dès qu'elle les aperçoit et les contemple, et que d'autres, de même façon, lui procurent du plaisir. L'incommodité et la satisfaction causées dans le spectateur sont essentielles au vice et à la vertu. Approuver un caractère, c'est être charmé lorsqu'il se présente. Le réprouver, c'est en ressentir de la gêne. La douleur et le plaisir qui sont donc en quelque sorte la source première du blâme et de l'éloge, doivent être aussi la cause de tous leurs effets ; et par conséquent

of pride and humility, which are the unavoidable attendants of that distinction.

But supposing this theory of morals should not be received, it is still evident that pain and pleasure, if not the sources of moral distinctions, are at least inseparable from them. A generous and noble character affords a satisfaction even in the survey; and when presented to us, though only in a poem or fable, never fails to charm and delight us. On the other hand, cruelty and treachery displease from their very nature; nor is it possible ever to reconcile us to these qualities, either in ourselves or others. Virtue, therefore, produces always a pleasure distinct from the pride or self-satisfaction which attends it; vice, an uneasiness separate from the humility or remorse.

But a high or low conceit of ourselves arises not from those qualities alone of the mind, which, according to common systems of ethics, have been defined parts of moral duty, but from any other, which have a connexion with pleasure or uneasiness. Nothing flatters our vanity more than the talent of pleasing by our wit, good-humour, or any other accomplishment; and nothing gives us a more sensible mortification than a disappointment in any attempt of that kind. No one has ever been able to tell precisely what *wit* is, and to shew why such a system of thought must be received under that denomination, and such another rejected. It is by taste alone we can decide concerning it; nor are we possessed of any other standard by which we can form a judgment of this nature. Now what is this *taste*, from which true and false wit in a manner receive their being, and without which no thought can have a title to either of these denominations? It is plainly nothing but a sensation of pleasure from true wit, and of disgust from false, without our being able

la cause de l'orgueil et de l'humilité qui sont les suites inévitables de cette distinction.

Mais supposons que cette théorie de la morale ne soit pas acceptée, il reste évident que la douleur et le plaisir, s'ils ne sont pas la source des distinctions morales, en sont du moins inséparables. Un caractère noble et généreux procure une satisfaction à sa seule inspection ; et quand il nous est présenté, fût-ce dans un poème ou une fable, il ne manque jamais de nous charmer et de nous plaire. À l'inverse, la cruauté et la trahison déplaisent par leur nature même ; et nous ne pouvons accepter la présence de ces qualités ni en nous-mêmes ni dans les autres. Ainsi, la vertu produit toujours un plaisir qui est distinct de l'orgueil et de cette satisfaction de soi qui l'accompagne ; et toujours le vice produit une impression incommode qui ne se confond pas avec l'humilité ou le remords.

Mais la haute ou la médiocre opinion que nous avons de nous-mêmes ne naît pas des seules qualités de l'âme que les systèmes de morale ordinaires mettent au compte du devoir moral, mais aussi de toute autre qualité qui a une liaison avec le plaisir ou avec son opposé. Rien ne flatte davantage notre vanité que le talent de plaire par notre bel esprit, par notre bon caractère ou quelque autre perfection remarquable ; et rien ne nous mortifie plus vivement que de savoir que nous y réussissons mal. Personne n'a jamais été capable de dire avec précision ce qu'est l'*esprit* ni de montrer pourquoi tel tour de pensée mérite cette appellation et tel autre non. Ce n'est que par le goût que nous pouvons en décider ; et nous n'avons pas d'autre règle par laquelle former un jugement de cette nature. Or quel est ce *goût* qui fait qu'on a de l'esprit ou qu'on n'en a pas, et sans lequel il n'est pas de pensée qui mériterait ou ne mériterait pas ce nom ? Ce n'est manifestement rien qu'une sensation de plaisir, là où il y a de l'esprit, et de dégoût, là où est son contraire, sans que nous soyons capables

to tell the reasons of that satisfaction or uneasiness. The power of exciting these opposite sensations is, therefore, the very essence of true or false wit; and consequently, the cause of that vanity or mortification which arises from one or the other [1].

7. Beauty of all kinds gives us a peculiar delight and satisfaction; as deformity produces pain, upon whatever subject it may be placed and whether surveyed in an animate or inanimate object. If the beauty or deformity belong to our own face, shape, or person, this pleasure or uneasiness is converted into pride or humility; as having in this case all the circumstances requisite to produce a perfect transition, according to the present theory [2].

It would seem, that the very essence of beauty consists in its power of producing pleasure. All its effects, therefore, must proceed from this circumstance; and if beauty is so universally the subject of vanity, it is only from its being the cause of pleasure.

Concerning all other bodily accomplishments, we may observe in general that whatever in ourselves is either useful, beautiful, or surprizing, is an object of pride; and the contrary of humility. These qualities agree in producing a separate pleasure; and agree in nothing else.

We are vain of the surprizing adventures which we have met with, the escapes which we have made, the dangers to which we have been exposed; as well as of our surprising feats of vigour and activity. Hence the origin of vulgar lying, where men, without any interest, and merely out of vanity, heap up a number of extraordinary events which are either the fictions of their brain or, if true, have

---

1. T, II, 1, 7, § 2, 5-7.
2. T, II, 1, 8, § 1.

de dire les raisons de cette satisfaction ou de cette incommodité de l'âme. Le pouvoir d'exciter ces sensations opposées est donc l'essence même du bel esprit ou de son contraire, et, par conséquent, la cause de cette vanité ou de cette mortification qui naît de l'un ou de l'autre.

7. Toute espèce de beauté est un ravissement ou une satisfaction particulière, de même que la laideur nous afflige où qu'elle soit, qu'elle paraisse dans un objet animé ou inanimé. Si ces qualités se trouvent dans notre physionomie, notre aspect, notre personne, le plaisir ou la peine que nous en éprouvons se change en orgueil ou en humilité, car toutes les circonstances requises sont alors réunies pour produire une parfaite transition, conformément à la présente théorie.

Il semble que l'essence même de la beauté consiste dans cette capacité à faire naître le plaisir. Et donc tous ses effets doivent venir de cette circonstance ; et si la beauté est si universellement un objet de vanité, c'est seulement parce qu'elle est cause de plaisir.

Concernant toutes les autres perfections corporelles, il est facile d'observer d'une manière générale que tout ce qui se trouve en nous d'utile, de beau, de singulier, est un objet d'orgueil, et le contraire un objet d'humilité. Ces qualités s'accordent sur un seul point, elles font naître un plaisir distinct.

Nous nous faisons gloire des aventures singulières qui nous sont arrivées, de la manière dont nous nous en sommes tirés, des dangers que nous avons courus, et aussi de nos exploits tout étonnants de force et d'action. Tel est l'origine du mensonge ordinaire : quand on voit les hommes accumuler, sans intérêt particulier et simplement par vanité, mille événements extraordinaires de pure invention ou, s'ils ont eu

no connexion with themselves. Their fruitful invention supplies them with a variety of adventures; and where that talent is wanting, they appropriate such as belong to others, in order to gratify their vanity : For between that passion, and the sentiment of pleasure, there is always a close connexion[1].

8. But though pride and humility have the qualities of our mind and body, that is, of self, for their natural and more immediate causes, we find by experience that many other objects produce these affections. We found vanity upon houses, gardens, equipage, and other external objects; as well as upon personal merit and accomplishments. This happens when external objects acquire any particular relation to ourselves and are associated or connected with us. A beautiful fish in the ocean, a well-proportioned animal in a forest, and indeed, any thing, which neither belongs nor is related to us, has no manner of influence on our vanity; whatever extraordinary qualities it may be endowed with, and whatever degree of surprize and admiration it may naturally occasion. It must be someway associated with us, in order to touch our pride. Its idea must hang, in a manner, upon that of ourselves; and the transition from one to the other must be easy and natural.

Men are vain of the beauty either of *their* country, or *their* county, or even of *their* parish. Here the idea of beauty plainly produces a pleasure. This pleasure is related to pride. The object or cause of this pleasure is, by the supposition, related to self, the object of pride[2]. By this double relation of sentiments and ideas, a transition is made from one to the other.

Men are also vain of the happy temperature of the climate in which they are born; of the fertility of their native soil;

1. T, II, 1, 8, § 5-6..
2. Hume n'est pas toujours rigoureux dans l'emploi du mot *objet*, comme en témoigne cette phrase.

lieu, sans rapport avec eux-mêmes. Leur imagination fertile les fournit en aventures variées ; et si ce talent leur fait défaut, ils s'approprient celles des autres, afin de satisfaire leur vanité. Car, entre cette passion et le sentiment de plaisir, il y a toujours une étroite liaison.

8. Mais bien que l'orgueil et l'humilité aient pour causes naturelles et plus immédiates les qualités de l'âme et du corps, c'est-à-dire du moi, l'expérience nous montre que bien d'autres objets produisent ces affections. Nous tirons autant vanité de nos maisons, de nos jardins, de nos équipages et d'autres objets extérieurs, que de notre mérite et de nos qualités personnelles. Cela se fait quand l'objet extérieur entre dans une relation particulière avec nous-mêmes et qu'il s'associe ou se lie à notre personne. Un beau poisson nageant dans l'océan, un animal bien proportionné qui court dans la forêt, et, en vérité, toutes les choses qui ne nous appartiennent pas ou qui n'ont pas de rapport avec nous, ne font rien pour notre vanité, si extraordinaires que soient les qualités dont elles sont pourvues et quel que soit le degré de surprise et d'admiration dont elles peuvent être naturellement l'occasion. Il faut que par quelque moyen elles nous soient associées, pour toucher notre orgueil. Il faut, pour ainsi dire, que leur idée s'accroche à celle que nous avons de nous-mêmes ; et la transition de l'une à l'autre doit être facile et naturelle.

Les hommes se rendent vains de la beauté de *leur* pays, de *leur* province ou même de *leur* paroisse. Il est évident que l'idée de la beauté produit ici un plaisir. Ce plaisir est relié à l'orgueil. L'objet ou la cause de ce plaisir est, par hypothèse, relié au moi qui est l'objet de l'orgueil. Par cette double relation de sentiments et d'idées, la transition se fait de l'un à l'autre.

Les hommes sont vains également de la clémence du climat sous lequel ils sont nés, de la fertilité de leur terre natale, de

of the goodness of the wines, fruits, or victuals, produced by it; of the softness or force of their language, with other particulars of that kind. These objects have plainly a reference to the pleasures of sense and are originally considered as agreeable to the feeling, taste or hearing. How could they become causes of pride, except by means of that transition above explained?

There are some who discover a vanity of an opposite kind, and affect to depreciate their own country, in comparison of those to which they have travelled. These persons find, when they are at home and surrounded with their countrymen, that the strong relation between them and their own nation is shared with so many that it is in a manner lost to them; whereas that distant relation to a foreign country, which is formed by their having seen it, and lived in it, is augmented by their considering how few have done the same. For this reason, they always admire the beauty, utility, and rarity of what they met with abroad, above what they find at home.

Since we can be vain of a country, climate, or any inanimate object, which bears a relation to us; it is no wonder we should be vain of the qualities of those who are connected with us by blood or friendship. Accordingly we find that any qualities which, when belonging to ourselves, produce pride, produce also, in a less degree, the same affection, when discovered in persons related to us. The beauty, address, merit, credit, and honours of their kindred are carefully displayed by the proud, and are considerable sources of their vanity.

As we are proud of riches in ourselves, we desire, in order to gratify our vanity, that every one who has any connexion with us, should likewise be possessed of them, and are ashamed of such as are mean or poor among our friends and relations. Our forefathers being regarded as our nearest relations, every

la qualité des vins, des fruits, et des autres aliments qu'elle produit, de la douceur ou de la vigueur de leur langue, et ainsi de suite. Ces objets ont manifestement un rapport aux plaisirs des sens et sont naturellement considérés comme étant agréables au toucher, au goût, à l'ouïe. Comment pourraient-ils devenir des causes d'orgueil, sinon par la transition expliquée ci-dessus ?

On trouve des gens d'une vanité opposée et qui prennent plaisir à dénigrer leur propre pays en comparaison de ceux où ils ont voyagé. Quand ils sont chez eux, entourés de leurs concitoyens, ils voient la forte relation qu'ils ont avec leur propre pays partagée par un si grand nombre que, d'une certaine façon, il ne leur en reste rien ; tandis que la relation éloignée qu'ils ont nouée avec un pays étranger, l'ayant visité et y ayant vécu, se trouve renforcée par cette considération que bien peu ont fait de même. Voilà pourquoi ils admirent toujours la beauté, l'utilité, la rareté de ce qu'ils ont rencontré à l'étranger plus que de ce qui se présente dans leur propre patrie.

Puisque nous pouvons nous rendre vains du pays, du climat ou des objets inanimés qui ont quelque relation avec nous, il n'est pas étonnant que nous nous fassions gloire des qualités de ceux qui nous sont liés par le sang ou l'amitié. Et c'est un fait bien avéré que les qualités qui nous donnent de l'orgueil lorsqu'elles nous appartiennent, causent également la même affection, quoique à un moindre degré, lorsque nous les rencontrons chez des personnes qui nous sont liées. L'homme infatué de lui-même ne tarit pas sur la beauté, l'adresse, le mérite, le crédit, les honneurs dont jouissent ses parents, il en tire une vanité considérable.

Fiers comme nous sommes de notre propre richesse, nous voudrions, pour mieux satisfaire notre vanité, que tous ceux avec qui nous sommes liés fussent également fortunés, et

one naturally affects to be of a good family and to be descended from a long succession of rich and honourable ancestors.

Those, who boast of the antiquity of their families, are glad when they can join this circumstance that their ancestors, for many generations, have been uninterrupted proprietors of the *same* portion of land, and that their family has never changed its possessions or been transplanted into any other county or province. It is an additional subject of vanity, when they can boast that these possessions have been transmitted through a descent, composed entirely of males, and that the honours and fortune have never passed through any female. Let us endeavour to explain these phaenomena from the foregoing theory.

When any one values himself on the antiquity of his family, the subjects of his vanity are not merely the extent of time and number of ancestors (for in that respect all mankind are alike), but these circumstances, joined to the riches and credit of his ancestors, which are supposed to reflect a lustre on himself, upon account of his connexion with them. Since therefore the passion depends on the connexion, whatever strengthens the connexion must also encrease the passion, and whatever weakens the connexion must diminish the passion. But it is evident, that the sameness of the possessions must strengthen the relation of ideas, arising from blood and kindred, and convey the fancy with greater facility from one generation to another; from the remotest ancestors to their posterity, who are both their heirs and their descendants. By this facility, the sentiment is transmitted more entire, and excites a greater degree of pride and vanity.

The case is the same with the transmission of the honours and fortune, through a succession of males, without their passing through any female. It is an obvious quality of human nature, that the imagination naturally turns to whatever

nous avons honte de ceux qui n'ont rien ou peu parmi nos amis et nos relations. Et, comme l'on croit tenir de plus près à ses aïeux, il est naturel que chacun affecte d'être de bonne famille et de descendre d'une longue suite d'ancêtres, riches et honorables.

Ceux qui s'honorent de l'antiquité de leur famille sont bien aise d'ajouter que, pendant des générations, leurs ancêtres ont possédé sans interruption la *même* terre et que leur famille n'a jamais aliéné ses biens, ni ne s'est déplacée dans un autre comté ou dans une autre province. Et leur vanité s'augmente s'ils peuvent faire valoir que leurs biens leur ont été transmis uniquement de mâle en mâle et que titres et fortune ne sont jamais passés par une femme. Tentons d'expliquer ce phénomène à l'aide de notre théorie.

Celui qui se glorifie de l'antiquité de sa famille ne s'enorgueillit pas seulement du long passé et du nombre de ses aïeux (car sur ce point tous les hommes sont semblables), mais il joint à ces circonstances la fortune et le crédit de ses ancêtres dont, suppose-t-il, le prestige doit rejaillir sur sa propre personne, à cause de la liaison qu'elle a avec eux. Puis donc que la passion dépend de cette liaison, tout ce qui renforce la liaison doit accroître la passion et tout ce qui affaiblit la liaison doit diminuer la passion. Or il est évident que la permanence des mêmes biens doit fortifier la relation d'idées qui naît du sang et de la parenté, et faire glisser plus aisément l'imagination d'une génération à l'autre ; des ancêtres les plus reculés à leur postérité, je veux dire leurs héritiers en même temps que leurs descendants. Par cette facilité, le sentiment se transmet plus complètement et suscite un plus haut degré d'orgueil et de vanité.

Le cas est le même pour la transmission des titres et de la fortune, de mâle en mâle, sans succession par une femme. Par une propriété manifeste de la nature humaine, l'imagination se tourne spontanément vers ce qui

is important and considerable; and where two objects are presented, a small and a great, it usually leaves the former and dwells entirely on the latter. This is the reason, why children commonly bear their father's name, and are esteemed to be of a nobler or meaner birth, according to *his* family. And though the mother should be possessed of superior qualities to the father, as often happens, the *general rule* prevails, notwithstanding the exception, according to the doctrine which shall be explained afterwards. Nay, even when a superiority of any kind is so great, or when any other reasons have such an effect as to make the children rather represent the mother's family than the father's, the general rule still retains an efficacy sufficient to weaken the relation, and make a kind of breach in the line of ancestors. The imagination runs not along them with the same facility, nor is able to transfer the honour and credit of the ancestors to their posterity of the same name and family so readily, as when the transition is conformable to the general rule, and passes through the male line, from father to son, or from brother to brother[1].

9. But *property*, as it gives us the fullest power and authority over any object, is the relation which has the greatest influence on these passions[*].

Every thing, belonging to a vain man, is the best that is any where to be found. His houses, equipage, furniture,

---

[*] That property is a species of *relation*, which produces a connexion between the person and the object is evident: the imagination passes naturally and easily from the consideration of a field to that of the person to whom it belongs. It may only be asked, how this relation is resolvable into any of those three, *viz, causation, contiguity*, and *resemblance*, which we have affirmed to be the only connecting principles among ideas. To be the proprietor of any thing is to be the sole person, who, by the laws

1. T, II, 1, 9, § 1, 6-13.

est important et considérable et, lorsque deux objets lui sont présentés, un petit et un grand, elle a l'habitude d'abandonner le premier, pour s'attacher entièrement au second. C'est pour cette raison que les enfants portent communément le nom de leur père et que la seule famille *paternelle* fait la noblesse ou la bassesse de leur extraction. Et quoique la mère puisse posséder des qualités supérieures à celles du père, comme c'est souvent le cas, la *règle générale* l'emporte sur l'exception, selon une doctrine que nous expliquerons plus loin. Même quand il y a une supériorité si remarquable du côté de la mère ou d'autres raisons assez fortes pour que les enfants représentent plutôt la famille de la mère que celle du père, la règle générale a encore suffisamment d'influence pour affaiblir la relation et pour faire sentir comme une rupture dans la ligne généalogique. L'imagination ne la parcourt pas avec autant de facilité ni ne sait transférer aussi aisément, des aïeux à leur postérité, les titres et le crédit d'un même nom et d'une même famille, que si la transition se conformait à la règle générale et se faisait par une lignée mâle, de père en fils ou de frère en frère.

9. Mais de toutes les relations, celle qui a la plus grande influence sur ces passions, est la *propriété*; car elle procure un plein pouvoir, elle confère une pleine autorité sur l'objet [*].

Tout ce qui appartient au vaniteux est la meilleure chose qui soit au monde. Ses maisons, son équipage, ses meubles,

---

[*] Que la propriété soit une espèce de *relation* qui établit une liaison entre la personne et l'objet, est une chose évidente. L'imagination passe naturellement et facilement de la considération d'un champ à celle de la personne à qui ce champ appartient. La seule question est de savoir comment cette relation peut se résoudre en l'une des trois suivantes, la *causalité*, la *contiguïté*, la *ressemblance*, dont nous avons dit qu'elles étaient les seuls principes de liaison entre les idées. Être le propriétaire d'une chose, c'est être la seule personne qui, en vertu des lois de la société,

cloaths, horses, hounds, excel all others in his conceit; and it is easy to observe that, from the least advantage in any of these, he draws a new subject of pride and vanity. His wine, if you will believe him, has a finer flavour than any other; his cookery is more exquisite; his table more orderly; his servants more expert; the air, in which he lives, more healthful; the soil, which he cultivates, more fertile; his fruits ripen earlier, and to greater perfection : Such a thing is remarkable for its novelty; such another for its antiquity : This is the workmanship of a famous artist; that belonged once to such a prince or great man. All objects, in a word, which are useful, beautiful, or surprizing, or are related to such, may, by means of property, give rise to this passion. These all agree in giving pleasure. This alone is common to them; and therefore must be the quality, that produces the passion, which is their common effect. As every new instance is a new argument, and as the instances are here without number; it would seem that this theory is sufficiently confirmed by experience [1].

Riches imply the power of acquiring whatever is agreeable; and as they comprehend many particular objects of vanity, necessarily become one of the chief causes of that passion.

---

of society, has a right to dispose of it, and to enjoy the benefit of it. This right has at least a tendency to procure the person the exercise of it ; and in fact does commonly procure him that advantage. For rights which had no influence, and never took place, would be no rights at all. Now a person who disposes of an object, and reaps benefit from it, both produces, or may produce, effects on it, and is affected by it. Property therefore is a species of *causation*. It enables the person to produce alterations on the object, and it supposes that his condition is improved and altered by it. It is indeed the relation the most interesting of any, and occurs the most frequently to the mind.

1. T, II, 1, 10, § 2.

ses vêtements, ses chevaux, ses chiens, surpassent tout, sa suffisance n'a pas de cesse. Et il est facile d'observer que le moindre avantage qu'il y trouve lui procure un nouveau sujet d'orgueil et de vanité. Son vin, si vous l'en croyez, a un bouquet plus subtil qu'aucun autre ; sa cuisine est plus exquise, sa table mieux servie, ses domestiques plus adroits ; l'air qu'il respire est plus sain, la terre qu'il cultive plus fertile ; ses fruits sont mûrs plus tôt et ils sont les mieux formés ; ceci est remarquable par sa nouveauté, cela par son antiquité. Et ceci est encore l'œuvre d'un artiste célèbre et qui a appartenu à un prince ou à un homme d'importance. En un mot, tous les objets qui sont utiles, beaux, singuliers, ou toutes les choses reliées à de tels objets, peuvent par l'effet de la propriété susciter cette passion. Tous ont en commun de procurer un plaisir ; et cela seul leur est commun ; il faut donc que ce soit la qualité qui produit la passion qui est leur effet commun. Comme chaque nouvel exemple est un nouvel argument et comme les exemples sont ici innombrables, il semble que cette théorie soit assez confirmée par l'expérience.

La richesse nous met en état d'acquérir tout ce qui est agréable ; et comme elle renferme mille et un objets de vanité, elle devient nécessairement l'une des causes principales de cette passion.

ait le droit d'en disposer et de jouir de son bénéfice. Ce droit n'est pas sans donner à la personne d'en faire l'exercice, et de fait il lui procure ordinairement cet avantage. Car des droits qui n'auraient pas d'influence et n'auraient jamais cours, ne seraient pas du tout des droits. Or une personne qui dispose d'un objet et qui en tire bénéfice, produit ou peut produire un effet sur cet objet, en même temps qu'elle est affectée par lui. La propriété est donc une espèce de *causalité*. Elle rend la personne capable de produire des changements dans l'objet et elle suppose que la condition de ladite personne s'en trouve améliorée ou modifiée. C'est à la vérité la relation la plus intéressante de toutes et celle qui se présente le plus souvent à l'esprit. [*Cette note a été ajoutée dans l'édition de 1760*].

10. Our opinions of all kinds are strongly affected by society and sympathy, and it is almost impossible for us to support any principle or sentiment, against the universal consent of every one with whom we have any friendship or correspondence. But of all our opinions, those which we form in our own favour, however lofty or presuming, are, at bottom, the frailest and the most easily shaken by the contradiction and opposition of others. Our great concern, in this case, makes us soon alarmed and keeps our passions upon the watch; our consciousness of partiality still makes us dread a mistake; and the very difficulty of judging concerning an object which is never set at a due distance from us, nor is seen in a proper point of view, makes us hearken anxiously to the opinions of others who are better qualified to form just opinions concerning us. Hence that strong love of fame, with which all mankind are possessed. It is in order to fix and confirm their favourable opinion of themselves, not from any original passion, that they seek the applauses of others. And when a man desires to be praised, it is for the same reason that a beauty is pleased with surveying herself in a favourable looking-glass, and seeing the reflection of her own charms.

Though it be difficult, in all points of speculation, to distinguish a cause which encreases an effect, from one which solely produces it, yet in the present case the phaenomena seem pretty strong and satisfactory in confirmation of the foregoing principles.

We receive a much greater satisfaction from the approbation of those whom we ourselves esteem and approve of, than of those whom we contemn and despise.

When esteem is obtained after a long and intimate acquaintance, it gratifies our vanity in a peculiar manner.

10. Toutes nos opinions sont très sensibles à l'influence de la société et de la sympathie, et il nous est presque impossible de soutenir un principe ou de conserver un sentiment qui va contre le consentement unanime de ceux que nous comptons parmi nos amis et nos connaissances. Mais de toutes nos opinions, celles que nous formons en notre propre faveur, toutes flatteuses et présomptueuses qu'elles soient, sont en réalité les plus fragiles et les plus facilement ébranlées, quand elles se heurtent à la contradiction ou à l'opposition d'autrui. La vive inquiétude qui nous envahit alors a tôt fait de nous alarmer et de placer nos passions sous surveillance ; et, conscients de notre partialité, nous craignons de nous tromper ; la difficulté même de juger d'un objet que nous ne pouvons jamais mettre à bonne distance ni embrasser sous le bon point de vue, nous pousse à prêter une oreille inquiète à l'opinion des autres, qui ont meilleure qualité pour se former une juste opinion de nous. De là cet amour violent de la renommée qui habite tous les hommes. C'est afin d'établir et de confirmer l'opinion favorable qu'ils se font d'eux-mêmes, et non par une passion originale, qu'ils recherchent les applaudissements des autres. Et quand un homme désire d'être loué, il est comme une belle femme qui aime à se contempler avantageusement dans son miroir et à voir ses charmes réfléchis.

Bien qu'il soit difficile dans toutes les questions spéculatives de distinguer entre la cause qui accroît l'effet et la cause qui ne fait que le produire, les phénomènes semblent ici assez forts et bien propres à confirmer notre principe.

L'approbation des personnes que nous estimons et approuvons nous-mêmes, nous flatte bien davantage que les louanges de celles que nous dédaignons et méprisons.

L'estime qui ne nous est accordée qu'après une longue et étroite fréquentation, satisfait notre vanité d'une manière toute particulière.

The suffrage of those who are shy and backward in giving praise, is attended with an additional relish and enjoyment, if we can obtain it in our favour.

Where a great man is delicate in his choice of favourites, every one courts with greater earnestness his countenance and protection.

Praise never gives us much pleasure, unless it concur with our own opinion, and extol us for those qualities in which we chiefly excel.

These phaenomena seem to prove, that the favourable suffrages of the world are regarded only as authorities or as confirmations of our own opinion. And if the opinions of others have more influence in this subject than in any other, it is easily accounted for from the nature of the subject.

11. Thus few objects, however related to us, and whatever pleasure they produce, are able to excite a great degree of pride or self-satisfaction ; unless they be also obvious to others and engage the approbation of the spectators. What disposition of mind so desirable as the peaceful, resigned, contented which readily submits to all the dispensations of providence, and preserves a constant serenity amidst the greatest misfortunes and disappointments ? Yet this disposition, though acknowledged to be a virtue or excellence, is seldom the foundation of great vanity or self-applause; having no brilliancy or exterior lustre, and rather cheering the heart than animating the behaviour and conversation. The case is the same with many other qualities of the mind, body or fortune; and this circumstance, as well as the double relations above mentioned, must be admitted to be of consequence in the production of these passions.

Le suffrage de ceux qui se montrent réservés et avares de louanges, nous charme et nous réjouit doublement, si nous pouvons l'obtenir en notre faveur.

Si un homme d'importance se montre difficile dans le choix de ses favoris, chacun briguera sa faveur et sa protection avec plus d'empressement encore.

Les éloges ne nous donnent jamais tant de plaisir que lorsqu'ils rejoignent notre propre opinion et qu'ils chantent les qualités où nous excellons principalement.

Tous ces phénomènes semblent bien prouver que les opinions favorables que le monde conçoit de nous, nous ne les tenons que comme des confirmations, faisant autorité, de notre propre opinion. Et si les opinions des autres ont plus d'influence ici qu'ailleurs, il est facile d'en rendre compte par la nature du sujet.

11. Ainsi, un objet peut se rapporter à nous de très près et être la source d'un grand plaisir ; s'il n'est également remarqué d'autrui et ne provoque l'approbation de tous ceux qui le considèrent, il ne sera que rarement la cause de beaucoup d'orgueil ou de satisfaction de soi. Y a-t-il une disposition d'esprit plus désirable que de demeurer en paix, résigné et content, et de se soumettre sans révolte à tous les décrets de la providence, en gardant une constante sérénité dans le malheur et la déception ? Et pourtant, quoiqu'une telle disposition soit tenue pour une vertu et une perfection, on y trouve peu de quoi se glorifier ou s'applaudir : elle est sans éclat, elle n'a pas de lustre extérieur, elle réjouit le cœur plus qu'elle n'égaie les comportements et les conversations. Il en va de même pour beaucoup d'autres qualités de l'âme, du corps ou de la fortune ; et il faut admettre que cette circonstance, aussi bien que la double relation mentionnée ci-dessus, joue un rôle important dans la naissance de ces passions.

A second circumstance, which is of consequence in this affair, is the constancy and durableness of the object. What is very casual and inconstant, beyond the common course of human affairs, gives little joy, and less pride. We are not much satisfied with the thing itself and are still less apt to feel any new degree of self-satisfaction upon its account. We foresee and anticipate its change which makes us little satisfied with the thing itself; we compare it to ourselves whose existence is more durable; by which means its inconstancy appears still greater. It seems ridiculous to make ourselves the object of a passion, on account of a quality or possession which is of so much shorter duration, and attends us during so small a part of our existence [1].

A third circumstance, not to be neglected, is that the objects, in order to produce pride or self-value, must be peculiar to us, or at least common to us with a few others. The advantages of sun-shine, good weather, a happy climate, &c. distinguish us not from any of our companions, and give us no preference or superiority. The comparison, which we are every moment apt to make, presents no inference to our advantage; and we still remain, notwithstanding these enjoyments, on a level with all our friends and acquaintance.

As health and sickness vary incessantly to all men, and there is no one who is solely or certainly fixed in either, these accidental blessings and calamities are in a manner separated from us, and are not considered as a foundation for vanity or humiliation. But wherever a malady of any kind is so rooted in our constitution that we no longer entertain any hope of recovery, from that moment it damps our self-conceit, as is evident in old men whom nothing mortifies more than the

1. T, II, 1, 6, § 7.

Une seconde circonstance qui est aussi d'importance, c'est le caractère constant et durable de l'objet. Ce qui est fortuit et inconstant, et qui échappe au cours ordinaire des affaires humaines, donne peu de joie et encore moins d'orgueil. Nous ne trouvons guère de satisfaction dans la chose elle-même et nous sommes encore plus loin d'être à son sujet contents de nous. Nous prévoyons et anticipons son changement, en sorte que nous y trouvons peu de satisfaction ; nous la comparons à nous-mêmes qui avons une existence plus durable, en sorte que son inconstance paraît plus grande encore. Il nous paraît ridicule de nous aimer nous-mêmes pour une qualité ou une possession dont la durée est si brève et qui ne nous accompagne qu'un temps très court de notre existence.

Une troisième circonstance à ne pas négliger, c'est que pour qu'un objet flatte notre orgueil ou l'estime que nous nous portons, il faut qu'il nous soit particulier ou du moins que nous ne le partagions qu'avec un petit nombre. Le soleil, le beau temps, un heureux climat sont des avantages qui ne mettent pas de distinction entre nous et ceux qui nous entourent : nous n'en tirons aucun motif de préférence ou de supériorité. La comparaison que nous pouvons faire à tout moment, n'autorise aucune inférence à notre avantage ; et malgré tous ces biens dont nous jouissons, nous restons sur le même pied que nos amis et nos connaissances.

Santé, maladie, tous les hommes passent de l'une à l'autre incessamment ; nul n'est entièrement sain, nul n'est définitivement malade. Ce sont des bienfaits ou des calamités qui surviennent, sans véritable attache à notre personne, et qui ne prêtent ni à l'orgueil ni à l'humiliation. Cependant, quand une maladie est si profondément ancrée dans notre constitution que nous n'avons plus d'espoir de guérison, alors elle rabat notre amour-propre, comme on le voit chez les personnes âgées que rien ne mortifie davantage que la

consideration of their age and infirmities. They endeavour, as long as possible, to conceal their blindness and deafness, their rheums and gouts; nor do they ever avow them without reluctance and uneasiness. And though young men are not ashamed of every head-ach or cold which they fall into, yet no topic is more proper to mortify human pride and make us entertain a mean opinion of our nature, than this that we are every moment of our lives subject to such infirmities. This proves, that bodily pain and sickness are in themselves proper causes of humility; though the custom of estimating every thing, by comparison, more than by its intrinsic worth and value, makes us overlook those calamities which we find incident to every one and causes us to form an idea of our merit and character, independent of them.

We are ashamed of such maladies as affect others, and are either dangerous or disagreeable to them. Of the epilepsy, because it gives a horror to every one present; of the itc, ; because it is infectious; of the king's evil, because it often goes to posterity. Men always consider the sentiments of others in their judgment of themselves [1].

A fourth circumstance, which has an influence on these passions, is *general rules* by which we form a notion of different ranks of men, suitably to the power or riches of which they are possessed; and this notion is not changed by any peculiarities of the health or temper of the persons, which may deprive them of all enjoyment in their possessions. Custom readily carries us beyond the just bounds in our passions, as well as in our reasonings.

---

1. T, II, 1, 8, § 8-9.

considération de leur âge ou de leurs infirmités. Elles tentent le plus longtemps possible de cacher la faiblesse de leur vue, leur surdité, leurs rhumatismes et leur goutte, choses qu'elles n'avouent jamais sans répugnance ni gêne. Et bien que les jeunes gens disent sans honte un mal de tête ou un rhume, toutefois il n'est pas de sujet plus propre à mortifier l'orgueil humain et à nourrir en nous une piètre opinion de notre nature, que cette considération que nous sommes à tout moment de notre vie sujets à de telles infirmités. Cela prouve que, prises en elles mêmes, la douleur physique et la maladie sont de vraies causes d'humilité, mais que l'habitude que nous avons d'estimer toute chose par comparaison, plus que par sa valeur intrinsèque, nous pousse à ne point retenir ces calamités qui sont capables de frapper chacun de nous : l'idée que nous nous formons de notre mérite et de notre caractère en reste indépendante.

Nous avons honte des maladies qui affectent les autres et qui mettent leur vie en danger ou leur causent du désagrément : de l'épilepsie, parce qu'elle remplit d'horreur ceux qui en sont les témoins ; de la gale, parce qu'elle est infectieuse ; des écrouelles, parce qu'elles sont souvent héréditaires. Les hommes ne jugent jamais d'eux-mêmes sans considérer le sentiment d'autrui.

Une quatrième circonstance à avoir de l'influence sur ces passions, ce sont les *règles générales* à l'aide desquelles nous formons l'idée des différents rangs entre les hommes, selon le pouvoir ou la richesse qu'ils détiennent. Et cette idée ne se modifie pas si quelque ennui de santé ou un tempérament plus particulier prive les personnes de la pleine jouissance de leurs possessions. Dans nos passions, aussi bien que dans nos raisonnements, l'habitude a vite fait de nous emporter au-delà des justes limites.

It may not be amiss to observe on this occasion that the influence of general rules and maxims on the passions very much contributes to facilitate the effects of all the principles or internal mechanism which we here explain. For it seems evident, that, if a person full grown, and of the same nature with ourselves, were on a sudden transported into our world, he would be much embarrassed with every object and would not readily determine what degree of love or hatred, of pride or humility, or of any other passion should be excited by it. The passions are often varied by very inconsiderable principles; and these do not always play with perfect regularity, especially on the first trial. But as custom or practice has brought to light all these principles, and has settled the just value of every thing, this must certainly contribute to the easy production of the passions and guide us, by means of general established rules, in the proportions, which we ought to observe in preferring one object to another. This remark may, perhaps, serve to obviate difficulties that may arise concerning some causes which we here ascribe to particular passions, and which may be esteemed too refined to operate so universally and certainly, as they are found to do [1].

SECTION III

1. In running over all the causes which produce the passion of pride or that of humility, it would readily occur that the same circumstance, if transferred from ourselves to another person, would render him the object of love or hatred, esteem or contempt. The virtue, genius, beauty, family, riches, and authority of others beget favourable sentiments in their behalf; and their vice, folly, deformity, poverty, and meanness excite

1. T, II, 1, 6, § 8-9.

Il peut n'être pas inutile d'observer à cette occasion que l'influence des maximes et des règles générales sur les passions contribue grandement à faciliter l'action de tous les principes ou du mécanisme interne que nous tentons d'expliquer ici. Supposons qu'un être, d'âge adulte et ayant même nature que nous, soit tout d'un coup transporté dans notre monde : il paraît évident qu'il serait embarrassé à la vue de chaque objet et aurait peine à décider quel degré d'amour ou de haine, d'orgueil ou d'humilité, ou de toute autre passion, il devrait causer. Les passions sont souvent variées par des principes insignifiants et qui n'agissent pas toujours avec une parfaite régularité, surtout aux premiers débuts. Mais comme la coutume et la pratique ont mis en évidence tous ces principes et qu'elles ont fixé la juste valeur des choses, elles ne manquent pas de faciliter la naissance des passions et de nous guider, par le moyen de règles générales établies, dans les proportions que nous devons observer quand nous préférons un objet à un autre. Cette remarque servira peut-être à écarter les difficultés relatives à certaines des causes que nous attribuons ici aux passions particulières, causes qu'on peut juger trop subtiles pour agir aussi universellement et certainement que nous l'observons.

SECTION III

1. A parcourir toutes les causes qui produisent les passions d'orgueil ou d'humilité, on verrait bientôt que la même circonstance qui vaut pour nous fait d'autrui, lorsqu'on la lui transpose, un objet d'amour ou de haine, d'estime ou de mépris. La vertu, le génie, la beauté, la famille, la richesse et l'autorité qu'on trouve chez les autres engendrent des sentiments favorables à leur égard ; et le vice, la folie, la laideur, la pauvreté et la bassesse qu'on y observe, excitent

the contrary sentiments. The double relation of impressions and ideas still operates on these passions of love and hatred, as on the former of pride and humility. Whatever gives a separate pleasure or pain and is related to another person or connected with him, makes him the object of our affection or disgust.

Hence too injury or contempt towards us is one of the greatest sources of our hatred; services or esteem, of our friendship.

2. Sometimes a relation to ourselves excites affection towards any person. But there is always here implied a relation of sentiments, without which the other relation would have no influence *.

A person, who is related to us, or connected with us, by blood, by similitude of fortune, of adventures, profession, or country, soon becomes an agreeable companion to us, because we enter easily and familiarly into his sentiments and conceptions. Nothing is strange or new to us; our imagination, passing from self, which is ever intimately present to us, runs smoothly along the relation or connexion, and conceives with a full sympathy the person who is nearly related to self. He renders himself immediately acceptable, and is at once on an easy footing with us : no distance, no reserve has place, where the person introduced is supposed so closely connected with us.

Relation has here the same influence as custom or acquaintance, in exciting affection; and from like causes. The ease and satisfaction which, in both cases, attend our intercourse or commerce, is the source of the friendship.

* The affection of parents to children seems founded on an original instinct. The affection towards other relations depends on the principles here explained.

les sentiments contraires. La double relation d'impressions et d'idées agit encore sur ces passions d'amour et de haine, comme sur celles d'orgueil et d'humilité. Tout ce qui cause séparément du plaisir ou de la douleur et qui se rapporte à une autre personne ou qui lui est lié, en fait un objet d'affection ou de dégoût.

De là vient que l'offense et le mépris qui nous touchent sont une des premières causes de notre haine, tandis que les bons offices et l'estime le sont de notre amitié.

2. Il arrive que nous prenions une personne en affection à cause du rapport qu'elle a avec nous. Mais cette affection renferme toujours une relation de sentiments, sans laquelle le premier rapport n'aurait pas d'influence *.

Une personne qui nous est alliée par le sang ou qui a rapport à nous par même fortune ou hasard de vie, par même profession ou patrie, nous devient vite une compagnie agréable, parce que nous entrons facilement et familièrement dans ses sentiments et ses idées. Rien ne nous est étrange ou nouveau. Notre imagination, partant du moi intime qui nous est toujours présent, glisse le long de la relation et conçoit en parfaite sympathie cet homme qui a un rapport si étroit au moi. Il s'introduit immédiatement dans nos grâces, il est d'emblée sur le même pied que nous ; car il n'y a pas de distance ni de réserve, quand la personne se recommande par une liaison aussi proche.

La relation a ici la même influence que l'habitude ou la familiarité pour susciter l'affection ; et elle le fait à partir des mêmes causes. Dans les deux cas, la facilité et le plaisir qui accompagnent nos rapports ou notre commerce, sont la source de l'amitié.

* L'affection des parents pour leurs enfants semble être fondée dans un instinct primitif. Les autres affections dépendent des principes que nous exposons ici.

3. The passions of love and hatred are always followed by, or rather conjoined with, benevolence and anger. It is this conjunction which chiefly distinguishes these affections from pride and humility. For pride and humility are pure emotions in the soul, unattended with any desire and not immediately exciting us to action. But love and hatred are not compleat within themselves, nor rest in that emotion which they produce, but carry the mind to something farther. Love is always followed by a desire of happiness to the person beloved, and an aversion to his misery; as hatred produces a desire of the misery, and an aversion to the happiness of the person hated. These opposite desires seem to be originally and primarily conjoined with the passions of love and hatred. It is a constitution of nature of which we can give no farther explication [1].

4. Compassion frequently arises where there is no preceding esteem or friendship; and compassion is an uneasiness in the sufferings of another. It seems to spring from the intimate and strong conception of his sufferings; and our imagination proceeds by degrees, from the lively idea to the real feeling of another's misery.

Malice and envy also arise in the mind without any preceding hatred or injury, though their tendency is exactly the same with that of anger and ill-will. The comparison of ourselves with others seems to be the source of envy and malice. The more unhappy another is, the more happy do we ourselves appear in our own conception.

5. The similar tendency of compassion to that of benevolence, and of envy to anger, forms a very close relation between these two sets of passions; though of a different kind from that which was insisted on above. It is not a resemblance of feeling or sentiment, but a resemblance of tendency or direction. Its effect, however, is the same, in

1. T, II, 6, § 3.

3. Les passions d'amour et de haine sont toujours suivies, ou plutôt accompagnées, de bienveillance ou de colère. C'est par cette conjonction qu'elles se distinguent principalement de l'orgueil et de l'humilité. Car l'orgueil et l'humilité sont de pures émotions dans l'âme, des émotions sans désir, qui ne portent pas immédiatement à l'action. Mais l'amour et la haine ne se terminent pas en eux-mêmes, ils ne s'attardent pas dans l'émotion qu'ils produisent, ils portent l'esprit plus loin. L'amour est toujours suivi du désir du bonheur de la personne aimée ou du refus de son malheur ; de même, la haine produit-elle le désir du malheur ou le refus du bonheur de la personne haïe. Ces désirs opposés semblent originellement associés aux passions de l'amour et de la haine. C'est une constitution de la nature dont nous ne pouvons donner d'autre explication.

4. La compassion naît souvent sans qu'il y ait eu d'abord d'estime ou d'amitié ; et elle est ce trouble éprouvé aux souffrances d'autrui. Il semble qu'elle doive son origine à une conception intime et forte des souffrances endurées ; et notre imagination se porte par degrés de l'idée vive au sentiment réel de la misère de l'autre.

La malice et l'envie naissent également dans l'âme sans qu'il y ait eu d'abord de haine ou d'offense, quoiqu'elles tendent exactement au même que la colère ou la malveillance. C'est la comparaison que nous faisons de nous-mêmes avec les autres qui semble la source de l'envie et de la malice. Plus l'autre est malheureux, plus nous nous figurons être heureux.

5. La compassion et la bienveillance tendant au même, et semblablement l'envie et la colère, il se forme une relation étroite entre ces deux groupes de passions, relation qui n'est pourtant pas du même genre que celle sur laquelle nous avons insisté. Il ne s'agit pas d'une ressemblance d'impression ou de sentiment, mais de tendance ou de direction. Cette relation

producing an association of passions. Compassion is seldom or never felt without some mixture of tenderness or friendship; and envy is naturally accompanied with anger or ill-will. To desire the happiness of another, from whatever motive, is a good preparative to affection; and to delight in another's misery almost unavoidably begets aversion towards him.

Even where interest is the source of our concern, it is commonly attended with the same consequences. A partner is a natural object of friendship; a rival of enmity.

6. Poverty, meanness, disappointment, produce contempt and dislike. But when these misfortunes are very great, or are represented to us in very strong colours, they excite compassion and tenderness, and friendship. How is this contradiction to be accounted for? The poverty and meanness of another, in their common appearance, gives us uneasiness, by a species of imperfect sympathy; and this uneasiness produces aversion or dislike, from the resemblance of sentiment. But when we enter more intimately into another's concerns, and wish for his happiness, as well as feel his misery, friendship or good-will arises, from the similar tendency of the inclinations.

A bankrupt, at first, while the idea of his misfortunes is fresh and recent, and while the comparison of his present unhappy situation with his former prosperity operates strongly upon us, meets with compassion and friendship. After these ideas are weakened or obliterated by time, he is in danger of dislike and contempt.

7. In respect, there is a mixture of humility, with the esteem or affection : In contempt, a mixture of pride.

a pourtant le même effet, celui de produire une association de passions. La compassion est rarement, sinon jamais, éprouvée sans un mélange de tendresse et d'amitié ; et l'envie s'accompagne naturellement de colère et de malveillance. Désirer le bonheur d'un autre, pour quelque motif que ce soit, c'est être déjà disposé à l'aimer ; se réjouir de son malheur, c'est presque inévitablement le prendre déjà en aversion.

Même lorsque l'intérêt nous anime, il s'ensuit d'ordinaire les mêmes conséquences. Nous avons naturellement de l'amitié pour un partenaire et de l'inimitié pour un rival.

6. La pauvreté, la bassesse, l'insuccès, causent de l'aversion et du mépris ; mais quand ces infortunes sont très grandes ou qu'elles se représentent à nous sous de vives couleurs, elles excitent la compassion, la tendresse et l'amitié. Comment rendre compte de cette contradiction ? La pauvreté et la bassesse d'autrui, sous leur jour ordinaire, nous indisposent par une espèce de sympathie imparfaite ; et cette incommodité, par ressemblance de sentiment, produit l'aversion ou le dégoût. Mais quand nous entrons plus intimement dans les préoccupations d'autrui et que nous souhaitons son bonheur tout en ressentant ses maux, alors naissent l'amitié et la bienveillance, ces inclinations tendant au même.

Un homme fait banqueroute : si l'idée de son infortune est toute fraîche et récente et si la comparaison de son présent malheur avec sa prospérité antérieure agit fortement sur notre esprit, il s'attire d'abord de la compassion et de l'amitié ; mais, après que ces idées se sont affaiblies et effacées avec le temps, il risque fort de n'obtenir plus que compassion et mépris [1].

7. Le respect est fait d'un mélange d'humilité et d'estime ou d'affection ; dans le mépris c'est un mélange d'orgueil.

---

1. *Ce paragraphe a été ajouté dans l'édition de 1777.*

The amorous passion is usually compounded of complacency in beauty, a bodily appetite, and friendship or affection. The close relation of these sentiments is very obvious, as well as their origin from each other, by means of that relation. Were there no other phaenomenon to reconcile us to the present theory, this alone, methinks, were sufficient.

SECTION IV

1. The present theory of the passions depends entirely on the double relations of sentiments and ideas, and the mutual assistance, which these relations lend to each other. It may not, therefore, be improper to illustrate these principles by some farther instances.

2. The virtues, talents, accomplishments, and possessions of others, make us love and esteem them, because these objects excite a pleasing sensation which is related to love; and as they have also a relation or connexion with the person, this union of ideas forwards the union of sentiments, according to the foregoing reasoning.

But suppose that the person whom we love, is also related to us, by blood, country, or friendship; it is evident, that a species of pride must also be excited by his accomplishments and possessions; there being the same double relation which we have all along insisted on. The person is related to us, or there is an easy transition of thought from him to us; and the sentiments, excited by his advantages and virtues, are agreeable, and consequently related to pride. Accordingly we find that people are naturally vain of the good qualities or high fortune of their friends and countrymen.

Le plaisir de la beauté, l'appétit corporel, l'amitié ou l'affection, tels sont les composants habituels de la passion amoureuse. L'étroite relation de ces sentiments est très évidente, ainsi que la manière dont ils s'engendrent l'un l'autre par le moyen de cette relation. N'y eût-il que ce seul phénomène, il suffirait, je pense, à nous faire approuver la présente théorie.

SECTION IV

1. Cette théorie des passions que nous proposons, dépend entièrement de la double relation des sentiments et des idées et du mutuel secours qu'elles se prêtent l'une à l'autre. Il peut donc n'être pas inutile d'illustrer ces principes par quelques exemples supplémentaires.

2. Nous aimons et nous estimons les autres pour leurs vertus, leurs talents, leurs perfections, leurs possessions ; car ces objets causent une sensation plaisante qui a du rapport avec l'amour ; et comme ils ont également un rapport ou une liaison avec la personne, cette union des idées favorise l'union des sentiments, selon le raisonnement qu'on a donné.

Mais supposons que la personne aimée nous soit aussi reliée par le sang, une même patrie ou l'amitié ; il est évident alors que nous retirerons quelque orgueil de ses perfections et des ses possessions, puisqu'il y a la même double relation sur laquelle nous revenons sans cesse. La personne nous est reliée : il y a une transition facile de la pensée de cette personne à nous-mêmes ; et les sentiments que suscitent ses avantages et ses vertus sont agréables ; ils sont donc reliés à l'orgueil. Et l'on n'est pas sans observer combien les gens sont naturellement vains des bonnes qualités et de la grande fortune de leurs amis et de leurs concitoyens.

3. But it is observable that, if we reverse the order of the passions, the same effect does not follow. We pass easily from love and affection to pride and vanity, but not from the latter passions to the former, though all the relations be the same. We love not those who are related to us, on account of our own merit, though they are naturally vain on account of our merit. What is the reason of this difference? The transition of the imagination to ourselves, from objects related to us, is always easy; both on account of the relation which facilitates the transition, and because we there pass from remoter objects to those which are contiguous. But in passing from ourselves to objects related to us, though the former principle forwards the transition of thought, yet the latter opposes it; and consequently there is not the same easy transfusion of passions from pride to love as from love to pride.

4. The virtues, services, and fortune of one man inspire us readily with esteem and affection for another related to him. The son of our friend is naturally entitled to our friendship; the kindred of a very great man value themselves and are valued by others, on account of that relation. The force of the double relation is here fully displayed.

5. The following are instances of another kind, where the operation of these principles may still be discovered. Envy arises from a superiority in others; but it is observable, that it is not the great disproportion between us which excites that passion but, on the contrary, our proximity. A great disproportion cuts off the relation of the ideas, and either keeps us from comparing ourselves with what is remote from us, or diminishes the effects of the comparison.

3. Mais il est remarquable que, si l'on renverse l'ordre des passions, le même effet n'a pas lieu. Nous passons facilement de l'amour et de l'affection à l'orgueil et à la vanité ; mais non l'inverse, quoique toutes les relations soient les mêmes. Ce n'est pas à cause de notre propre mérite que nous aimons ceux qui nous sont reliés, bien qu'ils soient eux-mêmes naturellement vains du mérite qui est le nôtre. Quelle est la raison de cette différence ? La transition de l'imagination est toujours facile, qui va à nous-mêmes en partant des objets qui nous sont reliés, à cause de la relation qui facilite la transition et aussi parce que nous passons alors d'objets lointains à des objets proches. Mais quand elle va de nous-mêmes aux objets qui nous sont reliés et bien que le premier principe facilite la transition de la pensée, le second s'y oppose ; de sorte qu'il n'y a pas la même facilité de transfusion des passions, de l'orgueil à l'amour et de l'amour à l'orgueil.

4. Les vertus, les services et la fortune d'un homme nous inspirent volontiers de l'estime et de l'affection à l'égard d'autres personnes qui lui sont reliées. Le fils de notre ami a naturellement droit à notre amitié ; la parenté d'un grand homme se donne de l'importance ou en prend auprès d'autrui, à cause de cette relation. La force de la double relation est ici très manifeste.

5. Les exemples qui suivent sont d'une autre espèce ; mais l'action de ces principes s'y découvre encore. L'envie naît de la supériorité d'autrui ; mais on peut observer que ce n'est pas quand la distance est la plus grande, mais au contraire la plus faible, que cette passion surgit. Une grande distance interrompt la relation des idées, soit qu'elle nous empêche de nous comparer à ce qui est loin de nous, soit qu'elle diminue les effets de cette comparaison.

A poet is not apt to envy a philosopher, or a poet of a different kind, of a different nation, or of a different age. All these differences, if they do not prevent, at least weaken the comparison, and consequently the passion.

This too is the reason why all objects appear great or little, merely by a comparison with those of the same species. A mountain neither magnifies nor diminishes a horse in our eyes; but when a Flemish and a Welsh horse are seen together, the one appears greater and the other less, than when viewed apart.

From the same principle we may account for that remark of historians that any party, in a civil war, or even factious division, always choose to call in a foreign enemy at any hazard, rather than submit to their fellow-citizens. Guicciardin applies this remark to the wars in Italy; where the relations between the different states are, properly speaking, nothing but of name, language, and contiguity. Yet even these relations, when joined with superiority, by making the comparison more natural, make it likewise more grievous, and cause men to search for some other superiority, which may be attended with no relation and, by that means, may have a less sensible influence on the imagination. When we cannot break the association, we feel a stronger desire to remove the superiority. This seems to be the reason why travellers, though commonly lavish of their praise to the Chinese and Persians, take care to depreciate those neighbouring nations, which may stand upon a footing of rivalship with their native country.

Un poète n'ira pas envier un philosophe ou un poète d'un genre différent, d'une nation différente ou d'une époque différente. Si toutes ces différences n'empêchent pas la comparaison, du moins l'affaiblissent-elles, et avec elle la passion.

C'est aussi la raison pour laquelle les objets apparaissent grands ou petits, par simple comparaison avec d'autres de la même espèce. Une montagne, à côté d'un cheval, ne le grandit ni ne le diminue à nos yeux ; mais quand on voit un cheval flamand à côté d'un cheval gallois, l'un apparaît plus grand et l'autre plus petit que lorsqu'ils sont vus séparément.

Par le même principe on peut expliquer cette remarque faite par les historiens que, dans les guerres civiles ou même dans les divisions factieuses, chaque parti préfère toujours, quel que soit le risque, en appeler à un ennemi étranger plutôt que de se soumettre à ses concitoyens. Guichardin [1] applique cette remarque aux guerres en Italie, où les relations entre les différents Etats ne sont, pour ainsi dire, que de nom, de langue, ou de voisinage. Cependant, même ces relations, quand s'y introduit une quelconque supériorité, rendent la comparaison plus cruelle en la rendant plus naturelle, et font que les hommes recherchent une autre supériorité qui ne s'accompagne pas de relation et qui, de cette façon, ait une moindre influence sur l'imagination. Quand nous ne pouvons rompre l'association, nous désirons davantage effacer la supériorité. Telle est la raison, semble-t-il, pour laquelle des voyageurs qui ne tariront pas d'éloge sur les Chinois et les Persans mettent tant de soin à ravaler les nations voisines qui, étant sur un pied d'égalité avec leur pays natal, peuvent prétendre rivaliser avec lui.

---

1. Francesco Guicciardini (1483-1540), homme politique et historien florentin, auteur de *Dialogo del reggimento di Firenze* et d'une *Storia d'Italia* où l'on trouve ce propos (3, 4).

6. The fine arts afford us parallel instances. Should an author compose a treatise, of which one part was serious and profound, another light and humorous, every one would condemn so strange a mixture, and would blame him for the neglect of all rules of art and criticism. Yet we accuse not Prior for joining his *Alma* and *Solomon* in the same volume, though that amiable poet has perfectly succeeded in the gaiety of the one as well as in the melancholy of the other. Even suppose the reader should peruse these two compositions without any interval, he would feel little or no difficulty in the change of the passions. Why? But because he considers these performances as entirely different and, by that break in the ideas, breaks the progress of the affections and hinders the one from influencing or contradicting the other.

An heroic and burlesque design, united in one picture, would be monstrous, though we place two pictures of so opposite a character in the same chamber, and even close together, without any scruple [1].

7. It needs be no matter of wonder, that the easy transition of the imagination should have such an influence on all the passions. It is this very circumstance, which forms all the relations and connexions amongst objects. We know no real connexion between one thing and another. We only know that the idea of one thing is associated with that of another, and that the imagination makes an easy transition between them. And as the easy transition of ideas and that of sentiments mutually assist each other, we might before-hand expect that this principle must have a mighty influence on all our internal movements and affections. And experience sufficiently confirms the theory.

1. T, II, 2, 8, § 13, 15-19.

6. Les beaux arts nous offrent des exemples comparables. Supposez qu'un auteur compose un traité dont une partie serait sérieuse et profonde, et l'autre frivole et enjouée : qui ne condamnerait un mélange aussi étrange et ne blâmerait l'auteur d'avoir négligé toutes les règles de l'art et de la critique ? Et pourtant nous n'accusons pas Prior[1] d'avoir réuni dans le même volume ses deux pièces, *Alma* et *Salomon*, quoique cet aimable poète ait parfaitement réussi dans le genre gai pour la première et dans le genre mélancolique pour la seconde. Supposez même que le lecteur doive lire à la suite ces deux compositions : il sentirait peu de peine, et même aucune, à ce changement des passions. Pourquoi ? Parce qu'il considère ces deux œuvres comme entièrement différentes ; et le manque de liaison entre les idées interrompt le progrès des affections et empêche l'une d'influencer ou de contredire l'autre.

Il serait monstrueux de réunir dans un même tableau un motif héroïque et un motif burlesque ; et pourtant nous n'hésitons pas à placer dans la même pièce, et même l'un près de l'autre, deux tableaux d'un caractère aussi opposé.

7. Il ne faut pas s'étonner que la transition facile de l'imagination ait une telle influence sur toutes les passions. C'est par cette circonstance même que se forment toutes les relations et toutes les liaisons entre les objets. Nous ne connaissons aucune liaison réelle entre une chose et une autre. Nous savons seulement que l'idée d'une chose est associée à celle d'une autre et que l'imagination passe de l'une à l'autre par une transition facile. Et comme cette transition facile des idées et celle des sentiments se renforcent mutuellement, nous pouvons présumer que ce principe doit avoir une puissante influence sur tous nos affections et nos mouvements intérieurs. Et l'expérience confirme abondamment cette théorie.

---

1. Matthew Prior (1664-1721), diplomate et poète de cour réputé. Les deux poèmes nommés se trouvent dans un recueil publié en 1718, *Poems on Several Occasions*.

For, not to repeat all the foregoing instances, suppose that I were travelling with a companion through a country to which we are both utter strangers; it is evident that, if the prospects be beautiful, the roads agreeable, and the fields finely cultivated, this may serve to put me in good-humour, both with myself and fellow-traveller. But as the country has no connexion with myself or friend, it can never be the immediate cause either of self-value or of regard to him : And therefore, if I found not the passion on some other object which bears to one of us a closer relation, my emotions are rather to be considered as the overflowings of an elevated or humane disposition, than as an established passion. But supposing the agreeable prospect before us to be surveyed either from his country-seat or from mine, this new connexion of ideas gives a new direction to the sentiment of pleasure, derived from the prospect, and raises the emotion of regard or vanity, according to the nature of the connexion. There is not here, methinks, much room for doubt or difficulty [1].

SECTION V

1. It seems evident that reason, in a strict sense, as meaning the judgment of truth and falsehood, can never, of itself, be any motive to the will, and can have no influence but so far as it touches some passion or affection. *Abstract relations* of ideas are the object of curiosity, not of volition. And *matters of fact*, where they are neither good nor evil, where they neither excite desire nor aversion, are totally indifferent; and whether known or unknown, whether mistaken or rightly apprehended, cannot be regarded as any motive to action.

1. T, II, 2, 2, § 8.

Pour ne pas répéter les exemples précédents, supposez que je sois en train de voyager avec un ami à travers un pays qui nous est à tous deux totalement étranger; il est évident que si les paysages sont beaux, les routes agréables et les champs bien cultivés, cela peut me mettre d'excellente humeur, tant à l'égard de moi-même que de mon compagnon de voyage. Mais comme ce pays n'a de liaison ni avec moi ni avec mon ami, je ne saurais rien y trouver qui me mette en valeur ou qui me donne de l'estime pour mon compagnon; et, par conséquent, si je ne fonde pas cette passion sur un autre objet qui ait avec l'un de nous deux une relation plus étroite, les émotions qui sont les miennes seront plutôt comme les effusions d'une noble et bienveillante disposition que comme une passion constituée. Mais supposez que l'agréable vue qui s'offre à nos regards soit prise du chef-lieu de mon ami ou du mien; cette nouvelle liaison des idées donne une nouvelle direction au sentiment de plaisir causé par le paysage et suscite un sentiment d'estime ou de vanité, selon la nature de la liaison. Il n'y a rien ici, je crois, qui soit sujet à beaucoup de doute ou de difficulté.

Section V

1. Il semble évident que la raison, prise en son sens strict de jugement de vérité et de fausseté, ne peut jamais par elle-même servir de motif à la volonté ni avoir d'influence qu'autant qu'elle touche une passion ou une affection. Les *relations abstraites* d'idées sont des objets de curiosité, et non de volition. Et les *choses de fait*, lorsqu'elles ne sont ni bonnes ni mauvaises, quand elles ne suscitent ni désir ni aversion, sont totalement indifférentes; connues ou inconnues, bien ou mal appréhendées, on ne saurait les regarder comme des motifs pour l'action.

2. What is commonly, in a popular sense, called reason, and is so much recommended in moral discourses, is nothing but a general and a calm passion, which takes a comprehensive and a distant view of its object and actuates the will, without exciting any sensible emotion. A man, we say, is diligent in his profession from reason, that is, from a calm desire of riches and a fortune. A man adheres to justice from reason, that is, from a calm regard to public good or to a character with himself and others.

3. The same objects, which recommend themselves to reason in this sense of the word, are also the objects of what we call *passion*, when they are brought near to us and acquire some other advantages, either of external situation or congruity to our internal temper; and by that means excite a turbulent and sensible emotion. Evil, at a great distance, is avoided, we say, from reason; evil, near at hand, produces aversion, horror, fear, and is the object of passion.

4. The common error of metaphysicians has lain in ascribing the direction of the will entirely to one of these principles, and supposing the other to have no influence. Men often act knowingly against their interest. It is not therefore the view of the greatest possible good which always influences them. Men often counteract a violent passion, in prosecution of their distant interests and designs. It is not therefore the present uneasiness alone which determines them. In general, we may observe that both these principles operate on the will; and where they are contrary, that either of them prevails, according to the general character or present disposition of the person. What we call *strength of mind* implies the prevalence of the calm passions above the violent;

2. Ce qu'on appelle communément *la raison* dans un sens populaire et ce qui est tant recommandé dans les discours moraux, n'est rien qu'une passion calme et générale, qui embrasse son objet dans une vue large et distante et qui agit sur la volonté sans susciter d'émotion sensible. Dire d'un homme qu'il est diligent *par raison* dans sa profession, c'est dire : par un calme désir de s'enrichir et de prospérer. Un homme prend le parti de la justice *par raison*, cela veut dire : par un calme regard au bien public ou à la bonne image qu'il peut donner à autrui ou à lui-même.

3. Les objets qui se recommandent à la raison, prise en ce dernier sens, sont aussi les objets de ce qu'on appelle *la passion* : il suffit qu'ils soient envisagés de plus près et qu'ils présentent pour nous d'autres avantages, dans leur situation extérieure ou leur conformité à notre disposition intérieure ; ils provoquent alors une émotion plus sensible et plus emportée. Le mal, quand il est à grande distance, nous l'évitons *par raison*, disons-nous ; le mal, quand il est proche, nous remplit d'aversion, d'horreur, de crainte : il est l'objet de la *passion*.

4. L'erreur commune des métaphysiciens a été de n'admettre qu'un seul de ces deux principes pour diriger la volonté et de supposer que le second n'a pas d'influence. Souvent les hommes agissent contre leur intérêt, en connaissance de cause ; ce n'est donc pas la vue du plus grand bien possible qui les influence toujours. Souvent aussi ils résistent à une passion violente, afin de poursuivre un intérêt distant, une fin éloignée ; ce n'est donc pas seulement ce qui les agite dans l'instant, qui les détermine. D'une manière générale, nous pouvons observer que ces deux principes agissent sur la volonté et que, lorsqu'ils se contrarient, l'un des deux domine, selon la caractère général ou la présente disposition de la personne. Ce que nous appelons *force d'âme* est un état où les passions calmes l'emportent sur les passions violentes ;

though we may easily observe that there is no person so constantly possessed of this virtue, as never, on any occasion, to yield to the solicitation of violent affection and desire. From these variations of temper proceeds the great difficulty of deciding with regard to the future actions and resolutions of men, where there is any contrariety of motives and passions [1].

SECTION VI

1. We shall here enumerate some of those circumstances, which render a passion calm or violent, which heighten or diminish any emotion.

It is a property in human nature, that any emotion which attends a passion, is easily converted into it; though in their natures they be originally different from, and even contrary to each other. It is true, in order to cause a perfect union amongst passions, and make one produce the other, there is always required a double relation, according to the theory above delivered. But when two passions are already produced by their separate causes, and are both present in the mind, they readily mingle and unite, though they have but one relation, and sometimes without any. The predominant passion swallows up the inferior and converts it into itself. The spirits, when once excited, easily receive a change in their direction; and it is natural to imagine that this change will come from the prevailing affection. The connexion is in many cases closer between any two passions than between any passion and indifference.

When a person is once heartily in love, the little faults and caprices of his mistress, the jealousies and quarrels to

1. T, II, 3, 3, § 10.

quoiqu'il soit facile d'observer qu'il n'y a personne de si constamment habité par cette vertu pour ne jamais céder, en aucune occasion, à la sollicitation d'une affection ou d'un désir violent. C'est à cause de ces changements de disposition qu'il est si difficile de décider des actions et des résolutions futures des hommes, toutes les fois qu'il y a des motifs et des passions qui se contrarient.

SECTION VI

1. Je vais énumérer maintenant quelques-unes des circonstances qui rendent une passion calme ou violente, qui accroissent ou diminuent une émotion.

C'est une propriété de la nature humaine qu'une émotion qui accompagne une passion, se convertit aisément en elle, bien que, par leur nature première, elles puissent être fort différentes et même contraires l'une à l'autre. Certes, afin de causer une parfaite union entre les passions et de faire que l'une produise l'autre, il faut toujours une double relation, comme nous l'avons expliqué dans notre théorie. Mais quand deux passions qui ont été produites par des causes distinctes sont également présentes dans l'âme, elles ne tardent pas à se mélanger et à s'unir, même si l'on n'observe entre elles qu'une seule relation, voire même aucune. La passion dominante absorbe la plus faible et la convertit en sa propre nature. Une fois les esprits excités, ils subissent aisément un changement de direction ; et il est facile d'imaginer que ce changement est dû à l'affection dominante. Il y a souvent plus de liaison entre deux passions qu'entre une passion et l'indifférence.

Dans le grand amour, les petits défauts et les caprices d'une maîtresse, les jalousies et les querelles auxquelles ce

which that commerce is so subject, however unpleasant they
be and rather connected with anger and hatred, are yet found,
in many instances, to give additional force to the prevailing
passion. It is a common artifice of politicians, when they
would affect any person very much by a matter of fact, of
which they intend to inform him, first to excite his curiosity,
delay as long as possible the satisfying of it, and by that means
raise his anxiety and impatience to the utmost, before they
give him a full insight into the business. They know, that this
curiosity will precipitate him into the passion which they
purpose to raise, and will assist the object in its influence on
the mind. A soldier advancing to battle is naturally inspired
with courage and confidence, when he thinks on his friends
and fellow-soldiers; and is struck with fear and terror, when
he reflects on the enemy. Whatever new emotion therefore
proceeds from the former, naturally encreases the courage;
as the same emotion proceeding from the latter, augments the
fear. Hence in martial discipline, the uniformity and lustre of
habit, the regularity of figures and motions, with all the pomp
and majesty of war, encourage ourselves and our allies; while
the same objects in the enemy strike terror into us, though
agreeable and beautiful in themselves [1].

Hope is, in itself, an agreeable passion, and allied to
friendship and benevolence; yet is it able sometimes to blow
up anger, when that is the predominant passion. *Spes addita
suscitat iras.* Virg.

2. Since passions, however independent, are naturally
transfused into each other, if they be both present at the same
time, it follows that when good or evil is placed in such a

---

1. T, II, 3, 4, § 1-3.

commerce est si exposé, sont des désagréments auxquels s'attachent plutôt la colère et la haine ; cependant, en beaucoup d'occasions, ont les voit apporter une force additionnelle à la passion dominante. C'est un artifice ordinaire chez les politiques, quand ils veulent frapper les gens par quelque nouvelle qu'ils souhaitent leur communiquer, que d'exciter d'abord leur curiosité, de retarder le plus longtemps possible le moment de la satisfaire et par ce moyen de les pousser au comble de l'anxiété et de l'impatience, avant de les instruire entièrement de toute l'affaire. Ils savent que cette curiosité les jettera dans la passion qu'ils se proposent de susciter et renforcera l'influence de l'objet sur leur esprit. Un soldat qui marche au combat, trouve naturellement courage et confiance à la pensée de ses amis et de ses compagnons de guerre, mais il est frappé de crainte et de terreur quand il songe à l'ennemi. Toute nouvelle émotion que lui inspire sa première pensée, augmente donc naturellement son courage, tandis que la même émotion, si elle lui vient de sa seconde pensée, renforce sa crainte. Voilà pourquoi, dans la discipline militaire, l'uniformité et l'éclat de l'habit, la régularité des figures et des évolutions, et toute la pompe et la majesté de la guerre exaltent notre courage et celui de nos alliés ; tandis que ces mêmes objets observés dans l'ennemi nous frappent de terreur, malgré tout l'agrément et la beauté qu'on peut leur accorder.

L'espoir est par lui-même une passion agréable qui tient à l'amitié et à la bienveillance ; cependant il est capable parfois d'attiser la colère, quand celle-ci domine. *Spes addita suscitat iras*, dit Virgile [1].

2. Puisque deux passions, tout indépendantes qu'elles soient, se transfusent naturellement l'une dans l'autre, si elles sont présentes ensemble dans le même temps, il faut aussi

---

1. « L'espoir, ranimé, attise la colère » (*Enéide*, X, v. 263).

situation as to cause any particular emotion, besides its direct passion of desire or aversion, this latter passion must acquire new force and violence [1].

3. This often happens when any object excites contrary passions. For it is observable that an opposition of passions commonly causes a new emotion in the spirits, and produces more disorder than the concurrence of any two affections of equal force. This new emotion is easily converted into the predominant passion and, in many instances, is observed to encrease its violence, beyond the pitch at which it would have arrived, had it met with no opposition. Hence we naturally desire what is forbid and often take a pleasure in performing actions, merely because they are unlawful. The notion of duty, when opposite to the passions, is not always able to overcome them ; and when it fails of that effect, is apt rather to encrease and irritate them, by producing an opposition in our motives and principles [2].

4. The same effect follows, whether the opposition arise from internal motives or external obstacles. The passion commonly acquires new force in both cases. The efforts, which the mind makes to surmount the obstacle, excite the spirits and enliven the passion.

5. Uncertainty has the same effect as opposition. The agitation of the thought, the quick turns which it makes from one view to another, the variety of passions which succeed each other, according to the different views : all these produce an emotion in the mind ; and this emotion transfuses itself into the predominant passion.

Security, on the contrary, diminishes the passions. The mind, when left to itself, immediately languishes ; and in order

---

1. T, II, 3, 4, § 4.
2. T, II, 3, 4, § 5.

que lorsque le bien ou le mal sont dans la situation de causer une émotion particulière, en plus des passions directes qu'ils produisent, de désir ou d'aversion – il faut aussi, dis-je, que ces dernières passions gagnent en force et en violence.

3. La chose arrive souvent lorsqu'un objet excite des passions contraires. Car il est aisé d'observer que souvent cette opposition des passions cause une nouvelle émotion dans les esprits et produit un plus grand désordre que si deux affections de force égale concouraient. Cette nouvelle émotion se change facilement dans la passion dominante et dans maint exemple on la voit en accroître la violence bien au-delà du point où elle serait restée, si elle n'avait pas rencontré cette opposition. Ainsi nous est-il naturel de désirer ce qui est interdit et de prendre souvent du plaisir à accomplir certaines actions, pour le seul motif qu'elles sont contraires à la loi. La notion du devoir, quand elle est opposée aux passions, n'a pas toujours la force de les dompter ; et quand elle manque à cet effet, elle sert plutôt à les renforcer et à les irriter, par l'opposition qu'elle produit dans nos motifs et nos principes.

4. Le même effet se produit, que l'opposition naisse de motifs intérieurs ou d'obstacles extérieurs. Dans les deux cas la passion acquiert ordinairement une nouvelle force. Les efforts que fait l'âme pour surmonter l'obstacle excitent les esprits et avive la passion.

5. L'incertitude a le même effet que l'opposition. L'agitation de la pensée, ses brusques sauts d'une vue à une autre, la diversité des passions qui se succèdent selon ces différentes vues, tout concourt à susciter une émotion dans l'âme ; et cette émotion se transfuse dans la passion dominante.

Au contraire, la tranquillité affaiblit les passions. L'âme, abandonnée à elle-même, tombe immédiatement en langueur ;

to preserve its ardour, must be every moment supported by a new flow of passion. For the same reason, despair, though contrary to security, has a like influence [1].

6. Nothing more powerfully excites any affection than to conceal some part of its object, by throwing it into a kind of shade which, at the same time that it shows enough to prepossess us in favour of the object, leaves still some work for the imagination. Besides that obscurity is always attended with a kind of uncertainty ; the effort, which the fancy makes to compleat the idea, rouzes the spirits and gives an additional force to the passion [2].

7. As despair and security, though contrary, produce the same effects, so absence is observed to have contrary effects and, in different circumstances, either encreases or diminishes our affection. Rochefoucault has very well remarked, that absence destroys weak passions but encreases strong ; as the wind extinguishes a candle but blows up a fire. Long absence naturally weakens our idea and diminishes the passion. But where the affection is so strong and lively as to support itself, the uneasiness, arising from absence, encreases the passion and gives it new force and influence [3].

8. When the soul applies itself to the performance of any action or the conception of any object to which it is not accustomed, there is a certain unpliableness in the faculties, and a difficulty of the spirits moving in their new direction. As this difficulty excites the spirits, it is the source of wonder, surprize, and of all the emotions, which arise from

---

1. T, II, 3, 4, § 6-7.
2. T, II, 3, 4, § 9.
3. T, II, 3, 4, 10.

et pour en préserver l'ardeur, il faut à chaque instant un nouveau flot de passion. Le désespoir, quoique contraire à la tranquillité, a pour la même raison une influence semblable.

6. Rien n'excite plus fortement une affection que de lui cacher une partie de son objet en le plaçant dans une sorte de pénombre : nous en voyons assez pour être prévenus en sa faveur, mais notre imagination doit s'employer à découvrir le reste. Outre que cette obscurité s'accompagne toujours d'une sorte d'incertitude ; et que les efforts faits par l'imagination pour compléter l'idée, accélèrent le mouvement des esprits et donnent une force additionnelle à la passion.

7. Si le désespoir et la tranquillité produisent les mêmes effets en dépit de leur contrariété, on observe que l'absence a des effets contraires et que, selon les circonstances, elle augmente ou diminue notre affection. La Rochefoucauld a très bien remarqué que l'absence détruit les passions faibles, mais augmente les passions fortes, comme le vent éteint la chandelle, mais attise le feu [1]. Une longue absence affaiblit naturellement notre idée et diminue la passion ; mais quand l'affection est assez forte et assez vive pour se soutenir elle-même, l'insatisfaction que produit l'absence, augmente la passion et lui donne une nouvelle force et une nouvelle influence.

8. Quand l'âme s'applique à accomplir une action ou à concevoir un objet dont elle n'a pas l'habitude, ses facultés n'ont pas une parfaite souplesse et les esprits ont quelque difficulté à se mouvoir dans leur nouvelle direction. Et comme cette difficulté excite les esprits, elle est une source d'étonnement, de surprise, elle suscite toutes les émotions

---

1. « L'absence diminue les médiocres passions, et augmente les grandes, comme le vent éteint les bougies, et allume le feu » (*Maximes*, 276).

novelty; and is, in itself, agreeable, like every thing which enlivens the mind to a moderate degree. But though surprize be agreeable in itself, yet, as it puts the spirits in agitation, it not only augments our agreeable affections, but also our painful, according to the foregoing principle. Hence every thing that is new, is most affecting, and gives us either more pleasure or pain, than what, strictly speaking, should naturally follow from it. When it often returns upon us, the novelty wears off, the passions subside, the hurry of the spirits is over and we survey the object with greater tranquility [1].

9. The imagination and affections have a close union together. The vivacity of the former gives force to the latter. Hence the prospect of any pleasure with which we are acquainted, affects us more than any other pleasure which we may own superior, but of whose nature we are *wholly* ignorant. Of the one we can form a particular and determinate idea; the other we conceive under the general notion of pleasure [2].

Any satisfaction, which we lately enjoyed and of which the memory is fresh and recent, operates on the will with more violence than another of which the traces are decayed and almost obliterated.

A pleasure which is suitable to the way of life in which we are engaged, excites more our desire and appetite than another which is foreign to it.

Nothing is more capable of infusing any passion into the mind than eloquence, by which objects are represented in the strongest and most lively colours. The bare opinion of another, especially when enforced with passion, will cause an idea to have an influence upon us, though that idea might otherwise have been entirely neglected.

1. T, II, 3, 5, § 2.
2. T, II, 3, 6, § 1-2.

propres à la nouveauté ; et, d'elle-même, elle est une chose agréable comme tout ce qui stimule l'esprit de manière modérée. Mais comme la surprise, qui est d'elle-même une chose agréable, met les esprits en effervescence, elle est susceptible d'augmenter nos affections, tant agréables que pénibles, selon le principe exposé plus haut. Ainsi, toutes les choses qui sont nouvelles font la plus grande impression et nous donnent plus de plaisir ou plus de douleur que ce qui devrait, à proprement parler, en résulter naturellement. Mais, après des retours répétés, la nouveauté s'use, les passions s'apaisent, les esprits ont cessé de se précipiter, et nous regardons l'objet avec plus de tranquillité.

9. L'imagination est étroitement unie aux affections. Sa vivacité leur donne de la force. De là vient que la perspective d'un plaisir auquel nous avons déjà goûté nous touche davantage qu'un autre dont nous pouvons reconnaître la supériorité, mais dont nous ignorons *totalement* la nature. Du premier, nous pouvons nous former une idée particulière et définie ; du second, nous n'avons d'autre conception que la notion générale de plaisir.

Une jouissance que nous avons goûtée depuis peu et dont nous avons un souvenir récent et frais, agit plus violemment sur la volonté qu'une autre dont les traces se sont estompées et presque effacées.

Un plaisir qui est assorti au mode de vie qui est le nôtre, sollicite davantage notre désir et notre appétit que tel autre qui lui est étranger.

Rien n'est plus capable d'inspirer une passion à l'esprit que l'éloquence, où les objets sont représentés sous les plus fortes et les plus vives couleurs. Une idée que nous aurions autrement entièrement négligée, aura une réelle influence sur nous, par le simple fait qu'elle est l'opinion d'un autre, surtout s'il la livre avec passion.

It is remarkable that lively passions commonly attend a lively imagination. In this respect, as well as in others, the force of the passion depends as much on the temper of the person, as on the nature and situation of the object [1].

What is distant, either in place or time, has not equal influence with what is near and contiguous.

I pretend not to have here exhausted this subject. It is sufficient for my purpose, if I have made it appear that, in the production and conduct of the passions, there is a certain regular mechanism which is susceptible of as accurate a disquisition, as the laws of motion, optics, hydrostatics, or any part of natural philosophy.

1. T, II, 3, 6, § 5-17.

Il est remarquable que les passions vives vont ordinairement de pair avec une vive imagination. A cet égard, comme à bien d'autres, la force de la passion dépend autant du tempérament de la personne que de la nature et de la situation de l'objet.

Ce qui est éloigné dans le temps ou dans l'espace n'a pas une influence égale à ce qui est proche et contigu.

*

Je ne prétends pas avoir épuisé ici le sujet. Il suffit à mon propos d'avoir montré que, dans la production et la conduite des passions, il y a un certain mécanisme qui est régulier et qui est susceptible d'un examen aussi précis que les lois du mouvement, de l'optique, de l'hydrostatique ou de toute autre partie de la philosophie naturelle.

LES PASSIONS, LA PASSION

Une étude par
MICHEL MALHERBE

CHAPITRE PREMIER

EXPÉRIENCE OU SCIENCE

Question de vocabulaire

Tout un chacun sait par expérience vécue ce qu'est la passion. Mais cette connaissance immédiate n'en donne pas la définition. C'est une connaissance si sensible, si intime, si vive mais aussi si confuse, qu'on a peine à l'étudier, à la penser en termes clairs et distincts pour en énoncer les propriétés essentielles. De plus, quelles affections doivent être rangées sous ce mot ? Je ne doute pas que la colère, la joie ou l'indignation soient des passions quand je les éprouve, mais puis-je expliquer en quoi elles le sont et en quoi elles diffèrent les unes des autres ? Le plaisir et la douleur sont incontestablement des phénomènes affectifs : doit-on les tenir pour des passions ? On peut dire de la fidélité qu'elle est un sentiment, peut-on la traiter comme une passion ? Au demeurant, où arrêter la liste ? Bien entendu, on ne définit pas la passion en énumérant les différentes passions : la colère, l'amour, le ressentiment, etc. Il faudrait pour cela savoir déjà comment les reconnaître telles. Bref, une définition exacte de la passion paraît une tâche insurmontable, il faudrait pour y réussir dire ce que c'est que vivre.

On peut certes en appeler à l'usage de la langue qui arrête le sens des mots – sans oublier toutefois que cet usage varie avec les lieux et les époques [1].

Le terme le plus vague est celui d'*affection*. Nous sommes des êtres sensibles, nous ne vivons pas en autarcie, nous ne cessons d'être *affectés* par le monde environnant. Sous ce vocable, on range les passions, les sentiments, les humeurs, sinon les dispositions ou les tempéraments. Ces diverses affections sont à distinguer des opérations cognitives de l'esprit que sont les sensations, les perceptions, les imaginations, les souvenirs, les croyances, quoiqu'elles puissent s'y mêler.

Le terme le plus classique est celui de *passion*. Il laisse entendre qu'un effet distinct est causé dans l'esprit ou dans l'âme [2] par une chose, par un événement ou par l'état du monde. Mais la mélancolie, qui est incontestablement une passion, est-elle une passion de l'âme ou une passion du corps ? Et peut-on admettre l'idée que l'âme puisse s'affecter elle-même, ce qui modifierait notoirement le sens du mot ? En outre, si la colère est une passion qu'en est-il de ce qu'on nomme un tempérament colérique ? Par ailleurs, on attribue souvent à la passion d'être forte, intense, sinon violente ; y a-t-il des passions calmes comme le prétend Hume ?

---

1. La division sémantique qui suit inspire le chapitre I de l'*Essai sur les passions* de Théodule Ribot, Paris, Alcan, 1907.

2. Le mot *âme* et le mot *esprit* ne se recouvrent pas exactement. *Âme* est le terme classique, traditionnellement plus général, *esprit* connotant davantage les fonctions intellectuelles de l'âme. La langue anglaise ne trace pas la même ligne de partage : réservant généralement le mot *soul* à la dimension ontologique et morale de l'âme, elle emploie communément le mot *mind*, et cela dès l'âge classique, là où l'on disait en français : *âme*. Notamment, sous l'influence de la philosophie anglo-saxonne, le mot *esprit* tend aujourd'hui à supplanter le mot *âme* en français qui prend un tour vieilli. Ces distinctions d'usage n'ont rien d'absolu. Nous laissons au lecteur d'apprécier en fonction du contexte l'emploi que nous faisons de l'un et l'autre mots.

On est tenté de réserver le mot *émotion* aux passions violentes. Descartes disait des passions qu'elles étaient plus proprement des *émotions*, parce qu'elles agitent l'âme [1]. Ce dernier terme est celui qui s'est imposé aujourd'hui en psychologie cognitive où il a supplanté le mot *passion*, en partie sous l'influence de la langue anglaise. Dans la langue française, cet emploi en ce sens reste plus savant que populaire : il ne se contente pas de suggérer que l'émotion est par nature ressentie, qu'elle a une force propre, il attire aussi l'attention sur son caractère « irruptif », sur sa durée limitée. Mais la différence n'est pas considérable ; il arrive ainsi que, dans sa *Dissertation*, Hume, après Hutcheson [2], emploie les deux mots comme synonymes [3]. Si l'on veut vraiment marquer une différence, on relèvera que la passion est *causée* (on souligne alors sa passivité et cette passivité peut être durable) alors que l'on tiendra l'émotion pour une *mise en mouvement* : elle est excitée (*excited*), suscitée (*raised*) (on souligne alors l'élément actif, l'événement soudain ou intense se produisant dans l'âme).

Les passions peuvent-elles être un objet de science ?

On ne saurait trop demander à ces effets de sens qui varient selon les langues et les époques. Aussi bien, toute étude portant sur les passions commence-t-elle par se livrer à un travail de

---

1. Descartes, *Les passions de l'âme*, I, article 28.

2. Hutcheson, *Système de philosophie morale*, « Mais il est clair que les diverses affections particulières, qu'elles soient égoïstes ou altruistes, produisent leurs effets et qu'elles le font même sans les émotions tumultueuses et passionnées en lesquelles il n'est aucune référence de cette sorte » (liv. I, chap. 1, § 6).

3. Nous ferons de même, employant davantage le mot *passion* quand nous nous référons à la philosophie classique, et le mot *émotion* quand nous nous référons à la philosophie contemporaine.

définition. Or ce travail se heurte à une double difficulté qui fait qu'on n'en donne jamais que des définitions nominales.

Nous tirons notre connaissance des passions d'une double source. D'abord, de notre propre expérience. Nous vivons « à la première personne » notre passion, nous nous y livrons ou nous y résistons, nous ressentons son intensité, nous sommes sensibles à sa polarité (l'amour et la haine sont des contraires qui n'ont pas la même valence). Cette connaissance se tire immédiatement de ce que nous éprouvons et, quoique indéfinissable, elle est ordinairement assez sûre, même si notre âme peut conserver ses recoins secrets ou se tromper elle-même. Or ce qui est indéfinissable peut fort bien se raconter ou s'imaginer : rien n'est plus bavard que le vécu, on ne compte pas les poèmes ou les lettres qu'inspire la passion amoureuse. Mais livrer ainsi à un récit ou à un poème sa passion c'est encore l'exprimer, et une telle expression est un acte de vie et non de science. Souvent, comme au théâtre, nous cherchons un témoin, un confident, mais pour lui faire entendre que nous vivons une expérience qu'il ne saurait partager. Certes, même l'être le plus passionné peut faire preuve de lucidité au moment où il s'abandonne à sa passion, il peut en prendre une claire conscience et en mesurer les inévitables conséquences en se faisant spectateur de lui-même. Mais il bascule alors du point de vue subjectif au point de vue objectif, et cette alternance, sinon ce conflit entre les deux points de vue, est souvent la cause d'un déchirement intérieur. Le point de vue subjectif incite à la narration, le point de vue objectif pousse davantage à l'analyse réflexive. Cette dernière est notre seconde source de connaissance, une connaissance à la troisième personne, fondée sur l'observation et l'examen de soi-même ou d'autrui. Notre connaissance n'est plus alors directe, elle mobilise tout un savoir déjà constitué. Or, peut-on fonder sur cette deuxième sorte de connaissance une véritable science des passions? Elle permettra d'en énoncer, éventuellement sous forme de tableaux, les causes, les manifestations, les objets et les effets, c'est-à-dire tout ce qui en fait une réalité ou un événement parmi d'autres réalités ou d'autres événements dans le monde. Mais toute personne vivant une passion aura peine à s'y reconnaître, même si elle s'en instruit[1]. C'est ce qui fait que le vrai repentir est une chose si rare : le repentir demande un examen de conscience scrupuleux, aussi lucide et objectif que possible, mais dans le même temps il faut vivre encore ce dont on se repent pour mieux en faire le sacrifice, de sorte que l'aveu s'accompagne de honte, et parfois de douceur.

Pour réussir à définir adéquatement les passions, il faudrait pouvoir tenir ensemble les deux dimensions : le vécu intime et singulier d'une part et tout ce qui constitue la forme ou l'essence de ce vécu passionnel et qui peut être connu, d'autre part. Dans une telle idée, le vécu de la passion, qui est mouvement, émotion, ne devrait pas être soustrait à toute connaissance et, inversement, la connaissance ne pourrait pas davantage s'abstraire de l'expérience vécue pour y faire sentir ses effets. C'était là l'ambition *éthique* de Spinoza, une ambition prenant appui sur le principe métaphysique que l'ordre et la liaison des idées sont les mêmes que l'ordre et la liaison des choses, et réciproquement : d'où l'on conclut que, si on sépare une émotion de l'âme de la pensée de l'objet externe qui est sa cause, pour la lier à des pensées vraies et plus conformes à un ordre qui soit propre à l'âme, alors l'âme se forme une idée claire et distincte de la passion, idée qui supprime la passion comme effet dans l'âme, quoique

---

1. À titre d'exemple, voir Madame de Staël, *De l'influence des passions sur le bonheur des individus et des nations*, Paris, Payot et Rivages, 2000.

l'affection elle-même demeure dans le corps. Une affection de l'âme est une idée (est la représentation consciente) d'une affection du corps. Mais si l'âme se montre capable de se former une idée adéquate et non plus confuse de cette affection qui est en elle, alors par sa connaissance l'âme éprouvera de plus justes affections. Par exemple, la passion de l'amour ou de la haine, qui se lie confusément à un objet extérieur, disparaît si l'âme s'en fait une idée claire et distincte ; mais toute affection ne disparaît pas : la joie qui dans l'amour s'asservit à l'idée d'une cause extérieure, demeure lorsqu'elle est ordonnée à des pensées vraies et elle fait alors le contentement de l'âme [1].

Voire ! La connaissance de l'expérience vécue est-elle possible en tant que vécue ? D'aucuns n'hésitent pas à dire que les passions ne sont pas un objet de science et qu'à vouloir les étudier on oublie de les vivre. N'y a-t-il pas en effet des cas où l'étude détruit l'objet de l'étude ? Tout dans l'expérience humaine ne peut devenir un objet de science. On sait le paradoxe du vécu : on ne peut à la fois vivre le moment présent et le ressaisir réflexivement, puisque, lorsqu'on réfléchit sur ce qu'on vit, la réflexion devient ce que l'on vit et que l'on cesse de vivre ce que l'on vivait l'instant précédant.

Or ce paradoxe est aussi celui de l'expression, tout vécu étant expressif : la difficulté qu'il y a à vivre sa passion et à l'étudier en même temps, s'explique par là. Certes, toutes les grandes passions, les plus nobles du moins, ne laissent pas de développer une grande intelligence d'elles-mêmes, mais cette intelligence est entièrement à leur service, et elle est souvent une torture. Quand la réflexion ou la représentation l'emporte, elle tarit la source de l'expression. On le voit dans les récits qui racontent la fin d'une passion amoureuse, fin

1. Spinoza, *Éthique*, V, propositions 1-4.

qui est toujours pitoyable. *Adolphe*, ce roman à demi autobiographique où Benjamin Constant, raconte le déclin d'un amour et où le héros sonde son âme avec lucidité, sinon avec curiosité, offre un récit qui suscite chez le lecteur un malaise, sinon du dégoût.

Le théâtre offre une ressource intéressante. Certes, il dissocie dans la représentation l'expérience vécue sur la scène et la connaissance qu'en a le spectateur tranquillement assis sur son siège. Mais le spectateur fait deux choses : il suit avec curiosité et intérêt les développements d'une intrigue dont il n'est pas partie prenante puisqu'il n'en est pas un des personnages, et il juge de la folie qui s'empare du héros ; et cependant, en imagination et par sympathie, il ressent son drame intérieur et, de manière dérivée, il en épouse les mouvements. Il jouit du plaisir raffiné qu'on trouve au théâtre, de pouvoir goûter au malheur d'autrui tout en jugeant des passions attachées à la condition humaine.

Ainsi, les passions peuvent-elles être tantôt racontées par le sujet lui-même tantôt abordées et connues sur un mode plus objectif, ou encore, à la faveur de l'illusion créée par le théâtre, être à la fois éprouvées, connues et jugées sur le mode esthétique. Les moralistes n'ont pas manqué de condamner cette dernière illusion qui entretient dans le cœur des hommes des passions qui n'ont pas de réalité. Mais, pour mieux représenter le devoir d'en acquérir la science afin de s'en libérer, ces mêmes moralistes usent d'ordinaire de toutes les ressources de l'éloquence, laquelle, pour mieux persuader, commence par flatter les passions du public.

Contre cette sorte de considérations, on peut faire valoir que la passion, étant intimement vécue, est de tous les modes le plus fort et le plus créateur qui soit de l'expression de soi ; sachant qu'on ne peut imaginer une passion qui ne s'exprimerait pas en quelque mesure, et que même les passions les plus secrètes se trahissent à la fin. Or, *s'exprimer* signifie trois choses à la fois. D'abord, c'est se porter hors de soi-même (on laisse éclater sa colère, on rend publique son indignation en défilant dans la rue, on donne libre cours à son ressentiment). Ensuite, c'est s'extérioriser, c'est se manifester par des signes et notamment par ce mode d'expression par excellence qu'est l'expression verbale. C'est, enfin, prendre autrui à témoin, obtenir de lui reconnaissance (je laisse éclater ma colère en vue de la rendre légitime, je défile dans la rue pour passer à la télé, je donne libre cours à mon ressentiment en le faisant valoir auprès des autres comme relevant d'un droit indiscutable) : il faut un répondant, un complice ou un spectateur qui approuve ou désapprouve. Faites semblant d'ignorer la colère d'un enfant, faites comme si vous ne l'entendiez pas, vous le mettez à la torture. Ainsi, comme tout mouvement de vie, la passion s'exprime : elle prend réalité dans le monde extérieur ; et en même temps elle quête le regard ou le jugement d'autrui en usant des ressources que le corps propre peut lui fournir, et elle s'impose comme un puissant et paradoxal facteur de liaison entre les hommes. Et, ce faisant, par ce débordement qui la porte de son origine secrète à son accomplissement manifeste, par cette progression qui la mène de l'intime à l'intime par le détour de l'extériorité, elle *vit*, elle vit le bonheur ou le malheur ; et, même dans le malheur, elle trouve sa satisfaction. Ne constitue-t-elle pas ce rare moment d'être dont on dit qu'il vaut bien toute une vie ?

C'est pourquoi, ajoutera-t-on, si une science des passions est possible, il ne faut pas l'envisager comme une science positive, conjuguant l'analyse des causes et le bien-fondé des raisons, mais comme une science interprétative : le rapport entre le point de vue interne et le point de vue externe se noue dans le signe, à la fois expression de soi-même et manifestation corporelle lue et comprise par autrui. C'est parce qu'elle est théâtrale que la passion peut être connue. Connue, c'est-à-dire, interprétée, l'interprétation permettant de contourner le caractère indicible de l'intime tout en le respectant : l'intime reste l'intime, mais se manifestant il devient exemplaire, il « parle » à tous et pour tous, chacun peut s'y reconnaître. Mieux : se rendant exemplaire pour autrui, se constituant en archétype, il prend sa pleine dimension, la passion est un puissant facteur d'identité. C'est une idée bien reçue aujourd'hui que l'identité n'est pas quelque chose qui serait donné, qu'on a à la construire et que cette construction passe par la reconnaissance d'autrui. Le vivre de la passion est incommunicable du fait de son irréductible intimité, mais il est expression, il s'expose dans des signes, il offre un sens à entendre et sous le regard d'autrui il prend une valeur que chacun peut reconnaître pour lui-même, même si le prix à payer est un déchirement. Il y a quelque chose d'héroïque dans les passions, même dans les plus détestables.

Faisons une comparaison : la passion a souvent été rapprochée du génie, sinon placée à sa racine. Bonaparte serait-il devenu Napoléon, ce grand général serait-il devenu un empereur, s'il n'avait été porté par l'ambition et si son goût insatiable du pouvoir ne s'était mêlé à son projet politique de changer le monde ? Un poète ne doit-il pas puiser dans ses passions les plus fortes pour faire œuvre poétique ? Par définition, le génie est unique et singulier et l'on ne devient pas poète de génie en appliquant des règles qui sont à la disposition de tous. Mais le propre du génie est d'être créateur, de s'exprimer dans des œuvres sans lesquelles il ne serait rien. Et il faut que tôt ou tard, par et dans ses œuvres, il soit reconnu : on le célèbrera alors, on l'imitera, on exploitera ses travaux, il sera devenu un modèle ; et c'est par cela qu'il sera apprécié, évalué publiquement, et qu'après sa mort il trouvera sa place au Panthéon. L'analogie avec la passion s'impose.

La princesse de Clèves se prend d'amour pour le duc de Nemours. Pourquoi lui ? Il est irréprochable, mais d'autres que lui sont également irréprochables. La naissance de l'amour est un événement impénétrable et surprenant. Mais on ne saurait empêcher l'amour de se trahir, de donner des signes, fort contrôlés dans le cas de la princesse, mais rendus lisibles à la fin, interprétables par l'intéressé lui-même, signes d'un sacrifice héroïque, signes donnant à entendre par tous la grandeur que prend l'amour dans l'impossible – cette grandeur par laquelle la princesse de Clèves accomplit enfin sa passion, il est vrai de manière supérieure mais ô combien émouvante et instructive.

Cette vision romantique, sinon romanesque qui exalte la passion et fait de celui qui la souffre certes une victime, mais toujours un héros ou un génie, rencontre deux objections. La première tient à un trait de la Vie elle-même, la Vie où elle prend sa source. Chaque individu vivant est unique en sa vie, mais il ne laisse pas d'appartenir à une espèce dont il est un membre parmi d'autres membres ; de sorte que tout singulier qu'il soit, il n'est qu'un exemplaire de l'espèce. Toute vie humaine est individuelle et ne saurait être partagée, mais il en va ainsi parce que nous partageons tous les mêmes déterminations de la nature humaine. La même observation vaut pour la passion : chacun la vivant en a une expérience propre, en donne une expression propre, mais ce qu'il vit est on ne peut plus commun, la passion est l'un des ressorts les plus uniformes et les plus constants de la nature humaine, sinon de tout être vivant. En tout lieu et en tout temps, si différemment qu'elle soit vécue, la même passion a les mêmes causes et les mêmes effets : mêmes ses expressions ne varient guère selon les individus ou au fil des siècles. Et il est facile d'observer que ce qui change, ce qui progresse ou régresse dans l'histoire humaine, ce ne sont pas les passions, c'est la raison. Les œuvres de la raison peuvent s'augmenter, se renouveler, elles peuvent aussi se périmer ou se contrarier, elles font la substance de la civilisation. Mais la passion est ce qui reste de la sauvagerie dans la civilisation. Nous pouvons relire aujourd'hui la *Guerre du Péloponnèse* de Thucydide : l'ouvrage qui relate une époque de bruit et de fureur, un moment de l'histoire grecque qui fut un véritable concentré des passions humaines, n'a pas pris une ride. On peut peindre sous forme d'une fresque les progrès de la raison dans la civilisation, mais de la passion on fait un objet de comédie ou de tragédie ou en tire le contenu d'une légende.

On répondra que cette première objection n'en est pas une, et qu'elle renforce le propos initial, puisqu'elle rend raison pourquoi la passion, quoique singulière en chacun, peut prendre une valeur exemplaire pour tous. On trouve en elle la spontanéité et la puissance de la Vie : à chacun sa vie, à chacun sa passion. Mais la vie étant un fait de l'espèce, on comprend pourquoi la passion, toute singulière qu'elle soit dans son vécu, peut être exemplaire pour tous dans sa manifestation. Tous les êtres humains partagent la même nature, ils sont de la même espèce ; mais au sein de cette espèce leurs relations s'établissent sur le mode du « un à un ». Pour le dire abstraitement, l'universel n'est pas ici un rapport à *tout* être humain *en général*, c'est un universel distributif : sous cet universel qu'est la nature humaine, étant un homme j'ai rapport à *chaque* être humain *en particulier*. Observez comment une passion se diffuse, c'est d'un individu à l'autre, sur le mode de la contamination.

Cette réponse serait recevable si une seconde objection ne venait se greffer sur la première. Considérons ce moment exceptionnel de la vie, unique en chaque vie et n'appartenant qu'à chacun, je veux dire la naissance. Le premier cri est l'expression d'une spontanéité qui surgit, celle de cet individu

nouveau qui s'affirme dans son existence singulière ; mais en
même temps ce premier cri est une souffrance, il dit la
dépendance foncière de l'individu à son milieu. Dans ce
premier cri, le nouveau-né annonce qu'il sera l'unique acteur
de sa vie ; mais s'il est un événement de notre vie dont nous
ne pouvons pas nous prétendre l'auteur, c'est bien de notre
naissance : nous devons notre capital génétique à nos parents,
notre capital comportemental et moral à notre pays, à notre
civilisation, etc.

Considérons aussi ce qu'il en est du génie, cette puissance
de la Vie. Fort de sa spontanéité propre, le génie est capable
de créer des œuvres entièrement nouvelles. Mais il est notoire
qu'on n'a cessé de chercher la source de cette spontanéité,
c'est-à-dire de lui donner une cause, certes exceptionnelle,
mais bien une cause : un dieu qui ravit l'âme, une muse qui
inspire la sensibilité poétique, une drogue qui par les ravages
mentaux qu'elle cause dévoile des horizons inconnus. Et
l'historien des sciences ne manquera pas d'avancer mille et
une preuves que, si Newton ne doit pas l'invention de
l'attraction universelle à une pomme qui lui serait tombée sur
la tête tandis qu'il rêvait sous un arbre, sans les travaux de
ses prédécesseurs, sans l'environnement scientifique de son
époque, il ne serait pas parvenu à une telle découverte.

Il en va de même de la passion. La passion qu'on dit
originale en chacun, élan génial d'une spontanéité allant
s'affirmant, fait de celui qui la vit un patient. Non pas seulement
un patient de lui-même (il y a peut-être dans la passion une
part d'auto-affection), mais le patient de quelque cause externe
agissant sur ses sens dans tel contexte donné. La passion est
un effet. Je peux dire que Phèdre, pourtant femme accomplie,
s'est laissée séduire par la jeunesse d'Hippolyte et qu'en ce
sens elle est responsable de cet amour incestueux qui la torture.
Mais il a fallu pour cela les grâces corporelles d'un jeune

éphèbe, ces grâces que l'héroïne ne manque pas de lui reprocher. Et il y a une telle disproportion entre cette cause (la belle apparence d'un tout jeune homme) et son effet (cet amour se développant avec une telle force et un tel élan) que Phèdre finit par y voir la main des dieux, cette cause à laquelle nul mortel ne saurait résister. Bref, si l'on est en un sens l'auteur de sa passion, l'on en est en un autre sens le patient. Si la passion peut paraître comme ce qu'il y a de plus fort et de plus original en soi, elle est tout autant un banal événement se produisant dans le monde, dont on peut étudier les causes et prévoir les effets avec une grande assurance. Certes, nous l'avons dit, l'étude qu'on en fera ainsi n'en restituera pas le vécu singulier, puisque la passion emporte, ravit celui qui l'éprouve, mais elle ne laissera pas de prouver combien les passions sont invariables : quoi de plus commun que cet amour d'une femme de trente ans, à la féminité épanouie, pour un gamin de dix-huit ans ? Quoi de plus platement banal ? La destruction d'un être par sa propre passion est pathétique ; mais rien ne ressemble plus à un être qui se détruit qu'un être qui se détruit. Il n'y a certes pas de passion médiocre, mais l'événement d'une passion exceptionnelle est en lui-même très ordinaire.

Problématique

La passion a toujours une ou plusieurs causes qui sont externes. Et le vecteur de toute relation entre l'individu et son milieu est son corps. Non seulement, la passion s'exprime dans des gestes, dans des paroles, dans des attitudes, dans des comportements corporels, qui permettent de la reconnaître comme de l'amour ou de la haine, de la joie ou de la tristesse, mais c'est aussi à la suite d'une impression faite sur le corps et sur ses sens qu'elle naît dans l'individu. Prenons la vanité.

La cause immédiate est la représentation que je me fais de ma propre valeur ou l'amour que j'ai pour moi-même. Mais cette représentation elle-même a pour cause certaines paroles élogieuses que j'ai entendues, certains regards d'envie que j'ai saisis ou des marques de respect auxquelles je ne suis pas resté insensible. Peut-être me flatté-je à tort, peut-être me fais-je illusion sur les comportements d'autrui, mais cette illusion, entretenue par la passion, naît d'une mésinterprétation des signes que je reçois. Or tout signe a une réalité matérielle qui en porte le sens. On dira peut-être que cette réalité n'est que le véhicule et que ce qui importe, c'est le sens interprété du signe. Mais pour que la passion naisse, il faut que le signe soit actif dans sa présence physique, que le signifiant cause un choc, un ébranlement, un mouvement. C'est l'intensité sonore d'un mot violent, c'est le coup porté dans une dispute qui fait naître en moi la peur ou la colère ou l'indignation, avant même que je prête à mon agresseur des intentions hostiles. C'est la grâce d'un mouvement, la douceur d'un mot, l'hésitation d'un geste qui fait naître en moi l'amour avant que je n'y vois l'amour de l'autre. L'histoire d'une passion commence par une affaire de corps. Nous disions précédemment que la passion allait de l'intime à l'intime en passant par l'extériorité; il nous faut ajouter qu'elle va aussi du corps affecté au corps expressif en passant par l'intimité. C'est un problème de comprendre comment est possible dans la passion la procession de soi à soi par autre que soi; c'en est un aussi de déterminer comment l'intime peut n'être qu'un moment entre deux mouvements, le premier passif, le second actif, du corps. Et selon qu'on écrit l'histoire de l'âme ou qu'on écrit l'histoire du corps, la passion prend une tournure entièrement différente.

Toutefois, nous sommes âme et corps et donc il n'y a qu'une seule histoire, et donc il faut n'en donner qu'une unique représentation. La passion, si on en fait l'analyse, apparaît comme une suite d'opérations. Et cette suite de moments qui s'enchaînent, si on se la représente naïvement, ressemble à quelque chose comme ceci : un objet extérieur agit sur les sens et cause dans le corps une impression ; cette impression corporelle est transmise au cerveau et elle est suivie d'une activité cérébrale déterminée ; laquelle, d'une façon ou d'une autre, cause une sensation dans l'esprit ; cette sensation ou perception, l'esprit en conserve la trace dans la mémoire, la reproduit dans l'imagination, bref se la représente, et change la cause qui est à l'origine en l'objet d'une passion particulière qui s'exprime spontanément dans des paroles, dans des gestes, dans des attitudes du corps ; ces expressions captent l'attention d'autrui qui les comprend comme les signes d'une passion qu'il approuve ou n'approuve pas et qu'éventuellement il juge moralement bonne (cette passion soutient la volonté dans la recherche du bien) ou mauvaise (cette passion perturbe ou détourne l'âme du bien).

Mais qui ne voit les questions multiples qu'accumule une pareille narration ? La passion est un affect. Les affects, pour le dire dans les termes de Spinoza, sont « les affections du corps qui augmentent ou diminuent, aident ou contrarient la puissance d'agir de ce corps, et ils sont en même temps les idées de ces affections »[1]. La puissance de ce corps est « la puissance ou l'effort (*conatus*) par lequel [il] s'efforce de persévérer dans son être »[2] et elle fait son essence actuelle. En ce sens, la passion est la puissance actuelle du corps, dans

1. Spinoza, *Éthique*, III, déf. 3. On pourra se reporter à la traduction de B. Pautrat, Paris, Seuil, 1988.

2. *Ibid.*, III, 7, dém.

son effort de vie qui est persévérance, eu égard à toutes les actions du milieu qui s'exercent sur lui. Cette définition dit, de manière ontologique, la fonction générale d'adaptation de la passion. Mais cette fonction peut être comprise différemment selon la nature du milieu considéré. Adaptation à quoi ? Tout dépend de ce qu'on pose à l'origine : ce peut être un état, un événement, un objet qui est ou du monde naturel ou du monde social. Si la réponse est de nature biologique, la passion est considérée comme une adaptation spontanée du vivant à son milieu. Et cette réponse peut être considérée ou bien comme inhérente à tous les animaux, et donc comme étant naturelle et invariable, ou bien comme le résultat de l'évolution, l'homme se distinguant alors sur l'échelle de l'évolution. Si le milieu considéré est de nature sociale, la passion reste spontanée, mais il faut qu'il entre dans sa réponse des représentations sociales. Faut-il en outre ouvrir une troisième rubrique pour les cas où la cause-origine est à placer dans le tempérament du corps propre, dans ses humeurs (la colère comme réponse à un tempérament colérique), ou encore à extraire de l'histoire personnelle de l'individu (la honte est la réponse à un méfait qu'on a commis et que l'on se représente) ?

Le terme de *réponse* est peu clair parce qu'il agglomère ensemble plusieurs des opérations que nous avons relevées. Il y a d'abord tout le pan de l'effectivité corporelle que l'on peut abandonner au savoir du physiologiste et du neurologue. Sauf sur un point : celui du rapport de l'activité du cerveau et de la conscience en acte. Comment une impression sensorielle suscitant une activité cérébrale devient-elle sensation consciente ? C'est un point de métaphysique et on ne se contentera peut-être pas de la réponse de Spinoza selon lequel l'esprit et le corps sont une seule et même chose qui est tantôt conçue sous l'attribut de la pensée tantôt sous l'attribut de l'étendue, de sorte qu'à l'ordre des actions et des passions de notre corps répondraient naturellement et simultanément l'ordre des actions et des passions de notre esprit[1]. Et cette sensation dans l'esprit, est-elle de nature perceptuelle ou de nature émotive? Et de quoi la mémoire conserve-t-elle le souvenir : de la madeleine ou d'un plaisir d'enfance? C'est un point de psychologie. Mais le point le plus délicat est celui-ci : peut-on incorporer dans la chaîne causale des diverses opérations qui se succèdent sur le mode de la causalité efficiente, une opération qui semble relever d'un mode entièrement différent de causalité, la causalité finale? En effet, il semble bien qu'il y ait un moment où la cause qui *produit* la passion devient l'objet *poursuivi* par la passion; un moment où la passion, de passive qu'elle était, devient proprement active et se traduit en appétit ou en aversion. Si la « réponse » est vraiment une passion de l'âme, il faut qu'elle soit davantage qu'une réaction réflexe du corps. Il faut donc qu'elle soit une action propre. Spinoza pour expliquer le désir dit que le désir est l'appétit avec conscience de lui-même[2], laissant entendre qu'il n'est rien que l'effort du vivant, éventuellement contrarié, de persévérer dans son être, de sorte qu'il n'y a pas vraiment à y inscrire une quelconque finalité. « Le désir est l'essence même de l'homme en tant qu'elle est conçue comme déterminée à faire quelque chose à partir de quelque affection qui lui est donnée »[3]. Et de souligner que le désir ne se comprend pas à partir du bien qu'il aurait en vue, mais que ce qui est bon se comprend comme étant ce que nous désirons. Mais peut-on faire ainsi l'économie de l'intentionnalité? Mais comment la passion peut-elle être active en étant passive? En outre, comment peut-elle être un événement corporel et un effort

1. *Ibid.*, III, 2, scolie.
2. *Ibid.*, III, 9, scolie.
3. *Ibid.*, II, *in fine*, définition I.

de l'âme? C'est un point de métaphysique. En outre, comment peut-on tendre vers un plaisir qu'on a éprouvé, et dont on se souvient ou qu'on imagine? Ne faut-il pas ici réintroduire une dimension intentionnelle? Et y aurait-il des objets passionnels qui ne seraient que de l'âme? Comment l'objet intentionnel commande-t-il et les expressions du corps et les dispositions de l'âme? Si l'on dit qu'il les commande naturellement, quel sens donner alors à la nature? C'est un point de phénoménologie. Enfin, quel rapport la volonté qui, selon certains, est un mouvement de l'âme qui est actif sans être passif, entretient-elle avec les passions? Pourquoi la morale s'est-elle toujours intéressée à ce remarquable accomplissement de la vie qu'est la passion? C'est un point de philosophie morale.

Les questions se bousculent. Mais commençons par celle-ci : la question de la passion est-elle une question première ou ne prend-elle sens qu'au sein qu'une question beaucoup plus générale qui la précède?

CHAPITRE II

LA PASSION DU BIEN

La vertu et la passion : Aristote

Partons d'une observation simple : la passion est attachée à la Vie. Elle en a la spontanéité et elle en rend la puissance. Elle en conserve aussi le mystère : la Vie est une puissance tellement première, notre propre vie nous est un principe tellement intime que nous ne saurions la suspendre ou la retarder un seul instant pour en acquérir l'intelligence. Et pourtant nous lui devons tout. Nous pouvons certes apprendre comment nous avons été engendrés et déterminer ce qui favorise la conservation et la poursuite de notre vie ou ce qui lui fait obstacle, mais le sentiment même de notre vie, pourtant primordial, nous reste entièrement obscur tant il va de soi, tant nous le « vivons » au plus près. C'est un sentiment permanent dans lequel baigne en permanence notre conscience, notre intelligence et nos conduites, qui ne sauraient donc s'en arracher. De sorte qu'il est bien possible que cette vie qui nous est propre et qui nous est chère soit dans son fond anonyme, qu'elle ne nous appartienne pas et que ce soit plutôt nous qui lui appartenions.

Or cette obscurité en nous de la Vie se résume en un mot : l'*âme*. On peut définir l'âme de beaucoup de manières, mais l'âme est d'abord ce principe par lequel nous sommes des vivants et des vivants incarnés. Une chose matérielle n'a pas d'âme ; dire d'une maison qu'elle a une âme, c'est parler par métaphore. Mais un cerisier, une huître, un singe, un homme ont une âme : ce sont des corps vivants qui croissent, naissent et meurent, et qui à ce titre sont des individus uniques. L'âme, dit en ce sens Aristote, est la forme du corps, c'est-à-dire le déterminant de l'individualité du vivant dans sa vie, ce qui fait que, étant un, il a sa vie propre. Le corps en lui seul n'est vivant qu'en puissance : par l'âme il devient vivant en acte, en entéléchie. C'est pourquoi, il n'y a pas lieu de se demander si le corps et l'âme ne font qu'un : il n'y a qu'un seul être : le corps est l'étant potentiel, l'âme est l'étant actuel singulier et tel. N'entendons donc d'abord par le mot *âme* que cette apparition singulière, ce surgissement unique de la Vie universelle en chaque corps. L'attraction universelle entre les corps matériels est aussi un principe obscur, mais on peut en donner la définition et la formule, car on en connaît et on en mesure les effets tous observables et analysables. Mais il en va différemment pour la Vie : elle est elle-même ce qui fait phénomène ou, pour reprendre le mot latin plus parlant ici que le mot grec, elle est l'*apparition*, l'avènement d'un individu et sa persévérance d'être, de la naissance à la mort.

Dans le chapitre II, 4, de l'*Éthique à Nicomaque* (1105b 20-1106a 10), Aristote, s'attachant à donner la définition de la vertu, est amené à distinguer trois sortes de ressorts dans l'âme (ψυχὴ) : les passions (πάθη), les puissances (δυνάμεις) et les dispositions (ἕξεις, *habitus* en latin). La vertu sera rangée dans cette dernière catégorie. Les passions – et Aristote en donne une liste qui sera reprise et discutée sans fin par ses commentateurs : le désir (ἐπιθυμία : le désir de tout ce qui est agréable), la colère (ὀργή), la crainte, l'audace, l'envie, la joie, l'amitié, la haine, le regret, la jalousie « bref, tout ce qui est la suite du plaisir ou de la peine » – les passions, dit le Stagirite, sont des opérations de l'âme, mais des opérations causées par des objets extérieurs. En ce sens, elles sont à distinguer des puissances qui, étant de l'âme, sont ce par quoi elles peuvent surgir dans l'âme : si nous éprouvons de la colère, c'est parce que nous en avons la puissance naturelle, et donc la colère n'est pas à prendre seulement comme un effet dû à quelque cause, elle est aussi une forme d'exercice de l'âme qui appartient en propre à l'âme. Quant aux dispositions, ce sont nos comportements bons ou mauvais relativement aux passions qui nous animent : une colère qui ne se contrôle pas est mauvaise, une colère mesurée peut être bonne. Seules les dispositions peuvent être jugées comme des vertus ou des vices. Cette présentation est fort brève et elle concerne la vertu, mais elle dit l'essentiel de la passion : la passion est une affection qui a une cause externe, mais elle est aussi une détermination propre de l'âme parce que s'y actualise sa puissance de vie ; cette détermination n'est ni morale ni immorale par elle-même, ces derniers prédicats sont réservés à la manière dont chacun conduit son existence et gouverne ses passions.

Le terme πάθος (pathos) est employé de manière très générale par Aristote : il y a passion dès lors que l'âme reçoit quelque chose du monde, que ce soit dans la sensation, dans la connaissance en acte ou dans l'action [1]. Seul l'intellect pur qui est pur acte est sans passion. Ainsi comprise, la passion est toute espèce d'accident de l'âme. D'où la question : peut-il y avoir une passion qui ne soit que de l'âme ou toute passion intéresse-t-elle l'être animé en totalité, corps et âme ? Il est évident que, en ce qui concerne les passions au sens étroit du terme, telle la colère, rien ne se fait sans le corps. « Or il

---

1. Aristote, *De l'âme*, trad. fr. J. Tricot, Paris, Vrin, 1995, 429a 15.

semble que les affections (παθήματα) de l'âme aillent avec
le corps : courage, douceur, crainte, pitié, audace, et aussi la
joie, l'amour et la haine, en ces affections, le corps éprouve
une certaine passion » [1]. Quant à l'intellect, il semble propre
à l'âme mais si, pour passer à l'acte, il doit prendre appui sur
l'imagination (la faculté de représentation) qui elle-même
tire sa matière de la sensation (αἴσθησις), alors il a affaire
avec le corps [2]. Ainsi en va-t-il chez les hommes qui sont des
êtres sensibles. D'une façon générale, τὰ πάθη λόγοι ἐν ὕλη
εἰσίν : « les passions sont des formes dans la matière » [3]. Cette
considération détermine la manière d'en traiter : le physicien
ou naturaliste peu attentif (l'équivalent de notre neurobiologiste)
ne verra dans la colère que le bouillonnement du sang, le
dialecticien (l'équivalent de notre phénoménologue) retiendra
que la colère est un désir de revanche, mais le vrai naturaliste,
qui est un vrai philosophe, tiendra ensemble les deux points
de vue.

La passion est âme et corps : elle est l'âme en acte
s'actualisant dans le corps. En puissance, l'âme est l'âme,
mais si elle ne s'incarne pas, si elle ne s'exprime pas dans le
corps, elle ne passe pas à l'acte. Elle est donc active en tant
qu'âme mais passive par le corps. La puissance qu'elle actualise
n'est pas du corps, mais de l'âme, car du corps on ne peut
tirer la spontanéité de l'âme, on ne peut tirer ce par quoi l'âme
passe de la puissance à l'acte.

Toutefois, toutes les puissances ou facultés ne sont pas à
ranger sur le même plan ; afin de couvrir la totalité du règne
des vivants, Aristote distingue d'une manière générale dans

1. Aristote, *De l'âme*, *op. cit.*, 403a 16-19

2. *Ibid.*, 403 5 *sq.*

3. *Ibid.*, 403a 25. *Cf.* 403b 17 : « les passions de l'âme sont
inséparables de la matière physique des êtres vivants, en tant que leur
appartiennent des attributs comme le courage et la peur ».

son traité *De l'âme* quatre parties de l'âme ou quatre sortes de puissances ou quatre « âmes ». La première est la nutrition, la croissance et le dépérissement, principe qui appartient à tout être vivant, même végétal. Vient ensuite la sensation (αἴσθησις) qui suscite l'imagination (φαντασία, la « phantaisie ») et à laquelle se joint l'orexis (ὄρεξις) : l'action de tendre vers, l'appétit. Et l'on distingue trois sortes d'appétits : le désir, le courage et la volonté. Les végétaux n'ont pas cette puissance sensible, seuls les animaux l'ont en partage. La troisième puissance est celle de se mouvoir dans l'espace vers l'objet désiré ou, au contraire, de le fuir (tous les animaux ne la possèdent pas) : le principe moteur en est tantôt le désir tantôt l'intellect pris dans sa dimension pratique. L'intellect est la quatrième puissance, la puissance raisonnable. Toutes ces puissances sont de l'âme en tant que, pour le vivant considéré, elles assurent les opérations indispensables à sa vie ; mais, on le voit, elles ne sont pas de même ordre.

Cet exposé suscite plusieurs questions qu'Aristote est le premier à se poser. D'abord, ces différentes parties ou âmes sont-elles des parties d'essence différente ou sont-elles différentes spécifications d'une unique essence, celle de l'âme ? Cette question a deux faces. D'abord, est-ce la même essence de l'âme qui se retrouve en chacune ? La vie se définit-elle de même façon pour le végétal, l'animal et l'homme, quoique le végétal ne dispose que de la faculté de nutrition, l'animal de la sensibilité et éventuellement de la locomotion et que l'homme ait de plus en partage l'intellect ? Par extension, chaque partie dans les êtres naturels étant passive en même temps qu'active (à l'exclusion de l'intellect pur qui est acte pur), la passion a-t-elle le même sens pour l'âme végétative (le besoin de nutrition et de reproduction), pour l'âme sensible (les passions au sens ordinaire du mot) pour l'âme locomotrice et pour l'âme intellective (la dépendance de l'intellect à l'égard de l'expérience, dans la connaissance) ? Cette question vaut également pour les subdivisions qu'on peut introduire dans chacune de ces parties : par exemple, dans l'âme sensible, lorsqu'on distingue entre la partie sensitive, la partie imaginative et la partie désirante. Ensuite, ces parties sont-elles à diviser selon les parties du corps et faut-il localiser chacune dans une partie différente comme le voulait Platon [1] ? La réponse d'Aristote est sans équivoque. La distinction entre ces puissances ou ces fonctions est une distinction faite par la raison. L'âme est une et elle est une parce qu'elle est acte, et elle est une dans toutes les parties du corps dans lesquelles elle s'actualise. L'âme est donc ce qui fait que le corps est un [2] et elle se manifeste entière en toute partie du corps vivant. Mais passant à l'acte l'âme se spécifie de manière différente. Touchant le végétal, elle se spécifie dans l'âme végétative, dans les deux fonctions de nutrition et de reproduction qui ont en charge la conservation de l'individu et celle de l'espèce. Dans l'animal, elle se spécifie dans la sensation, l'imagination et le désir, étant prise non point tant comme quelque chose de plus qui s'additionnerait à l'âme végétative, mais comme quelque chose qui la détermine de plus près en la modalisant. L'idée générale est celle d'une hiérarchie des parties ou des puissances, telle que la partie inférieure soit comprise dans la partie supérieure et que la partie supérieure spécifie la partie inférieure. Et cette hiérarchie répond à une échelle de perfection.

Ainsi, tout être vivant est un être de besoin et le besoin est une passion au sens le plus général du terme puisqu'il exprime de manière vive la dépendance de tout vivant à l'égard du milieu où il vit. Un être de besoin (le végétal est un être

1. Platon, *Timée*, 69c – 70a ; *République*, IV, 435b *sq.* ; etc.
2. Aristote, *De l'âme*, *op. cit.*, 411b 6-10.

de besoin) n'est pas encore un être de désir : le désir qui est attaché à l'âme sensitive dit certes la même dépendance envers le milieu mais il apporte au besoin une détermination qui lui est propre : la passion est ici à la fois la sensation, puisqu'il y a une réception sensible, l'imagination qui se représente la chose qui lui a été présentée et le désir lui-même qui, se représentant l'objet qui a affecté l'âme, se porte vers lui s'il est favorable à la vie ou s'en détourne s'il lui est défavorable. Comme le disait Leibniz (le dernier des grands aristotéliciens) c'est la même chose et c'est pourtant différent. La réponse de l'animal est manifestement supérieure à la réponse du végétal. Le végétal naît, croit et meurt ; l'animal également, mais d'une façon différente. L'aliment répond au besoin et il est consommé et digéré : il subit une transformation qui, sauf empoisonnement, est telle que l'être nourri ne pâtit pas par lui [1]. L'être nourri ne subit pas d'altération, mais il s'accroît, en quelque sorte il se confirme et s'assure dans sa vie. L'aliment conserve au corps vivant sa substance, laquelle demeure semblable tandis qu'il se nourrit. L'animal se nourrit également, mais la différence entre le simple besoin et le désir est que dans ce dernier l'animal se porte hors de lui-même, qu'il vit dans son objet et qu'il s'en trouve proprement modifié (qu'on songe à celui qui aime et qui met sa vie dans l'objet aimé).

Dans l'animal, lorsqu'à la sensibilité est jointe la locomotion, on obtient la chaîne causale suivante. L'objet sensible fait passer la faculté sensitive de la puissance à l'acte et l'on a la sensation. Mais quand l'objet est agréable ou pénible, c'est comme si la sensation l'approuvait ou le désapprouvait, produisant ainsi un effort vers, l'appétit (ὄρεξις), ou une fuite, l'aversion (φυγή). L'appétit et l'aversion sont, quant à l'acte, la même chose : ils ne se distinguent ni l'un

---

1. *Ibid.*, 416a 33 ; 433a 9 *sq.*

de l'autre ni de la puissance sensitive, quoiqu'ils diffèrent selon leur nature. Quant à l'âme douée de réflexion, elle dispose des représentations qui se forment dans l'imagination, lesquelles lui tiennent lieu de sensations. Ce n'est pas l'intellect spéculatif qui commande la fuite ou la recherche de l'objet, car en lui-même l'intellect spéculatif ne pense rien dans l'ordre pratique (on peut penser à quelque chose de redoutable sans nécessairement se mettre en mouvement). Ce n'est pas non plus la sensibilité : certains animaux sont sensibles et ne se meuvent pas. Ceci précisé, l'intellect pratique (dans ses conduites réfléchies et délibérées) et l'appétit (le désir) sont les principes du mouvement dans l'espace, de la locomotion, parce qu'ils poursuivent un but qui est l'objet sensible. Mais cet objet sensible, étant à l'origine de l'appétit, l'a fait naître en l'âme. De sorte qu'on peut dire que l'intellect pratique ne meut pas sans le désir (ἐπιθυμία) (la volition (βούλησις) étant une sorte d'appétit se mouvant en fonction du raisonnement) ; l'objet désirable suscite l'appétit par son caractère agréable ; de sa perception sensible il reste dans l'imagination une représentation qui est également sensible et qui fait que, en retour, cet objet se présente comme la fin de l'action suscitant la locomotion. En résumé, on peut dire qu'il y a deux puissances motrices, l'appétit et l'intellect pratique, mais le principe moteur est spécifiquement un : l'objet appétitif ou désirable qui constitue ainsi le point de départ de l'intelligence pratique. « L'appétitif meut, et c'est par lui que la pensée meut, car son principe est l'appétitif[1] », avant, à titre de terme de la représentation finale, de devenir dans l'intelligence pratique ce par quoi, avec l'aide de la raison, s'initie l'action.

Cet argument, clair quand on le prend en son ensemble, suppose qu'on en accepte le ressort dynamique, à savoir que

---

1. Aristote, *De l'âme*, *op. cit.*, 433a 5 *sq.*

dans la passion l'âme pâtit et que cependant elle est active, puisque la passion rend possible le passage à l'acte de sensibilité ou de l'intelligence pratique en puissance. Autrement dit : l'objet sensible qui est la cause efficiente de la passion, devient par la passion la cause finale de l'appétit ou de l'intelligence pratique : vers cette fin, l'homme qui est mu par sa passion, se porte, étant un animal sensible capable de se mouvoir dans l'espace et d'éclairer son action par la pensée et la réflexion.

Ainsi analysée, la passion entre dans la chaîne causale que forment les actions et les conduites humaines. Ce n'est que dans le livre II de la *Rhétorique* qu'Aristote en vient à examiner les diverses passions, mais comme des *lieux* que l'orateur doit envisager dans sa pratique : s'il veut persuader son auditoire, l'orateur doit, selon la nature de son discours, savoir quelles passions sont à susciter et comment les susciter.

La béatitude et les passions : Thomas d'Aquin

On ne s'étonnera pas que la première tâche, après Aristote, ait été d'arrêter cette problématique avec plus d'exactitude, au risque de perdre en fécondité ce qu'on gagnait en lucidité. Ce travail d'analyse s'est fait au fil des commentaires qui ont été proposés des textes aristotéliciens, en particulier du traité *De l'âme*. Un des plus remarquables et des plus connus de ces commentaires est celui qui fut pratiqué par Thomas d'Aquin, lequel proposa en outre une étude de *l'Éthique à Nicomaque*. On trouve aussi une sorte de traité des passions dans les *Questions* XXII à XLVIII de la *prima secunda pars* de la *Somme théologique*, où la référence à Aristote est constante. Dans ce dernier texte, l'objet premier de l'étude n'est pas la passion mais la béatitude, tout comme l'objet premier d'Aristote dans l'*Éthique à Nicomaque* était la vertu et non la passion.

Thomas insiste d'abord sur le fait que l'essence de l'âme ne saurait se réduire aux quatre puissances opératoires (les quatre sortes d'âme) mises en avant par Aristote, lesquelles doivent être considérées comme de simples principes d'action. L'homme n'est pleinement homme que lorsqu'il est maître de ses actes, et il n'est maître de ses actes que par sa raison et sa volonté. Par sa raison il est susceptible de connaître le Bien et par sa volonté de s'y porter comme à sa fin première : « Si la fin est dernière dans l'exécution, elle est première dans l'intention de l'agent, et c'est ainsi qu'elle joue le rôle de cause »[1]. La *Somme théologique* développe ce thème de la causalité finale. Dans son action rationnelle et volontaire l'homme s'ordonne de lui-même à la fin qui l'attire par sa perfection et, s'il s'y repose, il vit dans la béatitude, car la béatitude est un bien qui est aimé par-dessus tout et le repos qu'on y trouve est repos dans la perfection du Bien – sachant par ailleurs que c'est la perfection de l'objet qui fait la perfection (relative) de l'âme qui tend vers lui. Étant sa perfection de vie, la béatitude est inhérente à l'âme, mais le bien qui est son objet lui est extérieur. Le corps y est-il intéressé ? La béatitude est la vie de l'âme, mais l'âme n'allant pas sans le corps en l'homme, elle s'étendra de la partie supérieure à la partie inférieure. L'âme, par l'intellect, se repose dans la perfection du Bien (l'essence divine), mais après la résurrection la béatitude où elle vivra en contemplant Dieu s'étendra au corps qui lui est lié. Mais, dans la béatitude imparfaite que nous pouvons connaître ici-bas, c'est l'inverse qui a lieu : le perfectionnement de la partie inférieure contribue à celui de la partie supérieure.

Dans son commentaire de *l'Éthique à Nicomaque*, Thomas renferme les passions dans la partie sensitive et la partie

---

1. *Somme théologique*, IIa, 1,1.

intellective. Les passions ne relèvent pas de la partie végétative telle qu'on la trouve en tout être vivant, végétaux ou animaux, car les puissances de cette première âme sont actives et non passives. Tous les êtres vivants sont certes dépendants de leur milieu puisqu'ils sont des êtres de besoin, mais le besoin, pris simplement, naît de l'individu lui-même. Quant à sa satisfaction, elle ne requiert pas directement de représentation. Le végétal puise sa nourriture autant que de *besoin* dans le sol. L'animal, quant à lui, peut certes avoir une perception de son besoin (quoiqu'il soit très ordinaire que nous ne percevions pas certains de nos besoins, par exemple l'air que nous respirons), mais le besoin est l'acte de vie du vivant en général et il se satisfait de tout ce qui le nourrit sans danger : le besoin n'a pas d'objet déterminé, à la différence du désir – il faut être victime d'une famine pour s'en souvenir.

Le champ de la passion étant ainsi circonscrit, il faut immédiatement distinguer entre deux sortes de puissances, les puissances appréhensives et les puissances appétitives. Le verbe *pâtir*, pouvant être pris pour dénoter toute forme de *réception*, on peut certes dire que la perception est une passion puisque l'esprit reçoit une information du monde extérieur ; et il en va de même de la science puisqu'elle reçoit de l'expérience une connaissance. Et cependant on ne parle pas alors de passion. Car la chose appréhendée est dans le patient sous forme d'idée ; en quelque sorte, la chose perçue ou intelligée est entraînée vers celui qui l'appréhende. « Et bien que sentir et intelliger soient une certaine manière d'être passif, toutefois les passions de l'âme ne sont pas dites en rapport à l'appréhension du sens et de l'intellect, mais seulement en rapport avec l'appétit » [1]. On ne parle de passion

1. Thomas d'Aquin, *Commentaire de l'Éthique à Nicomaque*, liv. II, leçon 5, 291.

que dans l'appétition, quand s'inverse le rapport et que celui qui subit l'agent est entraîné par cet agent même : ainsi du désir où celui qui désire est attiré par l'objet qu'il désire. Cette attraction est un critère déterminant : on dit d'un malade qu'il est un patient, mais on ne dira pas de la maladie qu'elle est une passion, car le mal est dans le patient qui fait effort pour s'en délivrer[1]. Bref, seules les opérations des puissances appétitives peuvent être dites proprement des passions.

Encore cette définition de la passion par l'appétition est-elle trop large. Thomas procède à une nouvelle exclusion, celle de l'appétit intellectif ou rationnel. S'il conserve le désir au nombre des passions, il en exclut la volonté pour une double raison : la volonté n'a pas pour cause une modification corporelle, elle n'est pas comme l'appétit qui suppose l'inversion de l'effet subi en expression propre (*transmutatio*) ; et dans l'action volontaire, « on se meut soi-même comme maître de son acte ». Ne reste donc à titre de passions que les opérations de l'appétit sensible impliquant une modification corporelle et une dépendance à l'objet qui est telle que l'on fait effort vers ce qu'on subit.

À la satisfaction de l'appétit sensible se joint le plaisir ; à son insatisfaction la douleur. Cette fonction du plaisir permet une nouvelle distinction, celle entre l'appétit concupiscible et l'appétit irascible. Le premier trouve son terme dans le bien sensible, la volupté, qu'il regarde d'une manière absolue, et il ne va pas au-delà. « Ainsi donc, toute passion qui regarde le bien ou le mal absolument [toute passion qui cherche un plaisir qui s'arrête à la satisfaction des sens] est dans le concupiscible. Celles qui regardent le bien sont au nombre de trois. L'amour, qui introduit une certaine connaturalité de l'appétit au bien aimé ; le désir, qui introduit un mouvement

---

1. *Somme théologique*, IIa, 22,1.

de l'appétit vers le bien aimé. Et le plaisir, qui introduit le repos de l'appétit dans le bien aimé »[1]. La différence entre l'amour et le désir ne tient qu'à leur proximité ou à leur éloignement de l'objet, étant posé qu'on ne saurait s'éloigner naturellement du bien et donc que cet éloignement, quand il existe, tient à quelque circonstance affectant la présence de l'objet. Quand l'amour se joint à l'aimé et quand le désir trouve sa satisfaction, alors l'on est pris de joie.

Mais le bien et le mal peuvent être regardés sous la raison de quelque obstacle ou effort, comme dans la crainte. La passion est irascible lorsqu'elle regarde le bien avec une certaine hauteur qui lui permet de prendre en compte la difficulté qui retarde sa satisfaction ou l'empêche de l'atteindre. « Mais les passions qui regardent le bien ou le mal sous la raison de quelque chose de difficile [qui sont difficiles à atteindre] relèvent de l'irascible : comme la crainte et l'audace en rapport au mal ; l'espoir et le désespoir en rapport au bien. Une cinquième est la colère, qui est une passion composée, ce qui fait qu'elle n'a pas de contraire »[2]. La différence entre l'espoir ou le désespoir et l'audace ou la crainte est que dans le premier cas le bien n'est pas encore atteint et que dans le second le mal n'est pas encore présent.

> On voit ainsi que, dans le concupiscible, il existe trois couples de passions : l'amour et la haine, le désir et l'aversion (*fuga*), la joie et la tristesse. De même y en a-t-il trois dans l'irascible : l'espoir et le désespoir, la crainte et l'audace, enfin la colère, à laquelle nulle autre passion n'est opposée. En tout, onze passions différant en espèce : six dans le concupiscible et cinq dans

---

1. Thomas d'Aquin, *Commentaire de l'Éthique à Nicomaque*, liv. II, leçon 5, 293.
2. *Ibid.*

l'irascible, et sous lesquelles, toutes les passions de l'âme sont contenues [1].

La chaîne des opérations intervenant dans la passion peut donc être chez Thomas restituée de la manière suivante [2]. L'objet est l'agent ; il affecte l'organe en causant en lui une modification (*transmutatio*) ; et il l'affecte en causant la délectation du sens ou son contraire, c'est-à-dire le plaisir ou la douleur. L'objet acquiert ainsi, par cette valeur sensible, une force attractive, celle d'un bien, ou une force répulsive, celle d'un mal ; et ce faisant il crée une inclination qui est prise soit absolument (les passions concupiscibles) soit relativement à ses conditions de satisfaction (les passions irascibles). Le ressort est la délectation du sens par le bien considéré, la délectation induisant immédiatement l'attraction.

La forme scolastique de la *Somme théologique* et, en particulier, des chapitres que Thomas d'Aquin consacre à la question de la passion prise généralement, avant d'en venir à l'étude des différentes passions, a, malgré son caractère scolaire, un avantage : celle de proposer un quadrillage problématique qu'on ne laissera pas de retrouver plus tard sous des formes diverses et qui pose les grandes questions.

Première question : la passion est-elle une opération de l'âme ou une opération du corps ? Réponse : la passion est une affection de l'âme, mais elle dépend du corps. S'il n'y a pas de modification (*transmutatio*) de l'organe (par exemple, dans la vision l'image n'altère pas l'œil) l'organe ne transmet que la représentation de la chose ; s'il y a une modification du corps, de deux choses l'une : ou cette modification reste simplement physique (par exemple, dans le cas de la fatigue de l'œil) ou elle est proprement enregistrée par l'âme, et

---

1. *Somme théologique*, IIa, 23, 4 *in fine*.
2. *Ibid.*

Thomas parle alors de « transmutation essentielle »[1]. Toute transmutation est corporelle. Toutefois, l'individu étant composé de son corps et de son âme, s'il est vrai que la passion n'est pas d'essence spirituelle, on peut néanmoins dire qu'elle est dans l'âme par accident. Et elle est plus dans la partie appétitive que dans la partie appréhensive et plus dans l'appétit sensible que dans l'appétit intellectuel (la volonté).

La deuxième question porte sur la distinction des passions : on a vu la distinction posée entre les appétitives et les irascibles. D'une manière générale, les passions diffèrent selon leur principe moteur. Cette distinction est bien une distinction d'espèce : pour les appétitives, l'objet de la puissance concupiscible est le bien ou le mal sensible. Dans les irascibles, l'âme souffre de la difficulté de parvenir à ce bien sensible ou de se détourner du mal sensible.

Cette question est croisée avec celle de la valence des passions : y a-t-il une passion qui n'ait pas de contraire (comme l'amour a pour contraire la haine, l'espoir le désespoir) ? Il y en a une : la colère qui est causée par la présence immédiate d'un mal qui est source de difficulté ou de nuisance. Ou bien l'âme s'incline et elle tombe dans la tristesse, ou elle surmonte ce mal et elle se prend de joie. Par ailleurs, des passions d'espèces distinctes peuvent relever d'une même puissance : ainsi la puissance de l'amour est-elle aussi la puissance de la joie que cause l'amour.

Une autre question demande si les passions sont bonnes ou mauvaises. Les passions de l'âme peuvent être envisagées d'une double façon : soit en elles-mêmes soit en tant qu'elles sont sous le gouvernement de la raison et de la volonté. Donc, si on les considère en elles-mêmes, c'est-à-dire comme mouvements de l'appétit irrationnel, il n'y a en elles ni bien

1. *Ibid.*, IIa, 22, 2.

ni mal moral, car cela dépend de la raison, comme il a été dit ci-dessus. Mais si on les considère en tant qu'elles sont sous le gouvernement de la raison et de la volonté, alors il y a en elles bien ou mal moral. En effet, l'appétit sensitif est plus proche de la raison elle-même et de la volonté que nos membres extérieurs, dont cependant les mouvements et les actes sont bons ou mauvais en tant qu'ils sont selon la volonté. D'où, à plus forte raison, peut-on dire des passions elles-mêmes, en tant qu'elles sont selon la volonté, qu'elles sont bonnes ou mauvaises moralement. Et on les dit selon la volonté, ou bien parce qu'elles sont gouvernées par la volonté ou bien parce que la volonté n'y fait pas obstacle [1]. Cette réponse équilibrée ne saurait masquer le point aveugle, le fait que les passions soient une altération du corps et qu'elles se trouvent dans l'âme « par accident » : comment en l'homme la passion se conjugue-t-elle avec la raison et la volonté quand elle l'emporte sur elles ou quand ces deux puissances qui sont proprement de l'âme la dirigent ?

Ce commentaire d'école de l'*Éthique à Nicomaque* et les développements plus indépendants de la *Somme théologique* ne laissent pas de s'éloigner de la source antique. Une des évolutions les plus notoires touche à la volonté qu'Aristote rangeait en tant qu'appétit rationnel aux côtés du désir, l'appétit sensible, et que Thomas attribue à l'intellect, un intellect séparé de sa source empirique, même s'il en est dépendant dans sa dimension pratique. Certes, la volonté entre en relation avec l'appétit, mais son acte est tenu pour essentiellement différent de l'acte de désirer. Une deuxième évolution tient au souci désormais marqué de fixer l'ordre des passions. Thomas n'en est pas encore à vouloir constituer

---

1. *Somme théologique*, IIa, 24, 1.

un système ; mais il est soucieux de lier la chaîne, une chaîne qui reflète plus ou moins directement le progrès de la passion allant du plaisir et de la douleur, ces affections des sens, à la joie et à la tristesse, ces affections de l'âme.

CHAPITRE III

LE CORPS ET L'ÂME,
LE CORPS ET L'ESPRIT

Une problématique métaphysique et épistémologique

Chez Aristote et chez Thomas, l'objet premier n'est pas la passion, mais la vertu ou la béatitude. La passion est traitée comme un des principes moteurs de l'existence humaine, un principe dont le rôle dans la poursuite du Bien est à déterminer. Ainsi, chez Thomas, onze passions sont distinguées. Toutes naissent du plaisir et de la douleur (elles sont concupiscibles) et se terminent dans la joie ou la tristesse qui accompagnent le repos dans la fin. On observera aussi que le bien qui est la fin de la passion parvenue à son terme est à distinguer du bien matériel qui est la cause du plaisir primitif et qu'il n'a pas même valeur, a fortiori quand la raison et la volonté s'exercent.

On a ainsi, selon cette dynamique, le tableau suivant :

Passions concupiscibles, premières dans l'exécution	Passions premières selon le mouvement, dernières selon le repos	AMOUR/ HAINE DÉSIR/ AVERSION	La joie est consécutive à l'amour et au désir. La tristesse est consécutive à la haine et à l'aversion.
Passions concupiscibles, premières dans l'intention	Passions premières selon le repos, dernières selon le mouvement	JOIE/ TRISTESSE	La joie est consécutive à l'espoir/ La tristesse est consécutive à la crainte, mais précède la colère et est consécutive à la colère lorsque celle-ci atteint sa fin
Passions irascibles, premières dans l'exécution	Passions premières selon le mouvement, dernières selon le repos	ESPOIR/ DÉSESPOIR AUDACE/ CRAINTE COLÈRE	Consécutives aux précédentes, car ajoutent au concupiscible son caractère ardu

Une telle problématique est morale (au sens général du terme) : elle traite de la conduite humaine et de ses fins. Pour que la passion devienne l'objet premier à traiter, il faut que cette problématique devienne métaphysique ; et cette évolution s'opère au XVIIe siècle qui est le grand siècle de la philosophie des passions.

Du plaisir et de la douleur à la joie et à la tristesse, de l'origine de la passion à son terme, de l'affection du corps à la passion de l'âme, l'on a en perspective, chez Thomas d'Aquin, toute la chaîne des moments constitutifs d'une conduite qui intéresse l'individu total, corps et âme. Cette analyse a un avantage : il n'y a qu'une unique chaîne, celle de la passion, qui récapitule descriptivement tout ce qui entre dans le procès de la vie ; et de cette chaîne on tire les passions fondamentales qu'on distribue consécutivement selon le mouvement ou le repos et selon la difficulté qu'il y a ou n'y a pas à passer du mouvement au repos. Mais deux incertitudes ou deux ambiguïtés fondamentales demeurent. Le plaisir et la douleur sont des affections des sens par quelque objet extérieur qui les modifie, ils disent donc la passivité de l'individu qui dans son corps subit l'influence de son milieu. Mais le plaisir et la douleur sont aussi des sensations et sont donc dans l'âme, ce qui laisse supposer quelque action du corps sur l'âme : passif par rapport au monde, le corps est actif par rapport à l'âme. Ce qui conduit immédiatement à se poser la question : la passion et l'action sont-elles de même nature ? Le corps propre qui est un corps naturel agit-il sur l'âme de même façon que le corps extérieur, également naturel, agit sur lui ? Par ailleurs, l'âme qui est ainsi passive relativement au corps propre est néanmoins active puisque dans la représentation qu'elle se fait de l'objet par l'imagination, elle change cet objet qui est la cause initiale en une fin à poursuivre, ce pour quoi il faut lui attribuer une activité, celle du désir tendant à sa satisfaction, a fortiori celle de la volonté tendant rationnellement au Bien. D'où une seconde question qui dans son fond est la même que la précédente : comment cette passion de l'âme qu'est le désir et qui chez l'homme use des ressources que lui offrent la raison et la volonté, peut-elle être une action de l'âme ?

Disons la même chose en des termes plus généraux pour ne point penser que la question de la dualité de l'âme et du corps serait une sorte de problème en soi. Il n'est personne pour contester que les passions soient attachées à la vie et qu'on y retrouve imprimés les deux caractères fondamentaux du vivant : le vivant est un être individuel qui a le sentiment de lui-même (qui a conscience de lui-même si c'est un homme), et ce même vivant est dépendant et solidaire du milieu naturel dans lequel il vit (en même temps que de son environnement social, s'il est un homme). En chacun de nous la vie est spontanée, mais elle est aussi causée et dépendante.

D'où, premièrement, puisque la vie est l'attache de l'âme au corps (puisque l'âme est la forme de la vie du corps, disait Aristote) la nécessité de traiter, lorsqu'on aborde les passions, la question des rapports entre ces deux principes. Ce problème est métaphysique et, selon la réponse qu'on lui donne, on donnera plus ou moins d'importance à l'étude de la physiologie. L'antique association du tempérament et de la passion reste en effet vive et l'on peut vouloir soigner les passions comme l'on soigne les maladies du corps. Et c'est un lieu commun que d'associer à la maîtrise des passions un régime de diète corporelle.

D'où, deuxièmement, le vivant subissant son milieu mais en même temps y répondant, la nécessité de traiter la passion à la fois dans sa dimension passive : elle est causée par quelque objet extérieur, mais aussi dans sa dimension active, puisqu'elle est en même temps un ressort attaché à la vie propre de l'individu qui la vit comme étant sienne. Cette ambivalence a sa traduction métaphysique : passive, la passion relève du champ déterminé des causes et des effets, physiques ou mentaux : le système des passions est mécanique ; active, elle ne peut pas ne pas s'originer dans une spontanéité qui, chez l'homme, relève du champ de la volonté ou qui entre en concurrence avec elle. D'où la dimension héroïque ou tragique de la passion : elle est ce qui nous rend le plus étroitement dépendant du monde et en même temps ce que nous vivons de la manière la plus intime, elle est par excellence la déchirure de l'âme.

Ainsi en vient-on à cette question de la distinction entre le corps et l'âme, question qui a un double aspect. D'abord, l'aspect métaphysique : le corps propre, solidaire du monde extérieur, et l'âme, quoique solidaire du corps propre, ont-ils même nature ou sont-ils de deux natures différentes ? Ensuite l'aspect épistémologique. La chaîne de la passion est une chaîne causale et l'on y observe le renversement de la causalité efficiente en la causalité finale, deux modes causaux qui ne sont pas de même espèce puisque la première est matérielle et la seconde intentionnelle. Si, là-dessus, on fait intervenir le principe que tout effet doit être homogène à sa cause et qu'il ne peut pas être en raison plus grand que sa cause, on conclura sans peine que les maillons de la chaîne décrite ne tiennent pas ensemble et que l'on ne peut traiter de la question des passions sans avoir résolu d'abord la question des rapports de l'âme et du corps. Une question tellement difficile et abstraite qu'elle a toute chance de refouler l'étude de la passion dans la seule description phénoménale ou morale de chacune des différentes passions.

L'alternative métaphysique est claire. Ou l'on est dualiste et l'on considère que l'âme et le corps sont deux entités ou deux substances différentes ; ou l'on est moniste et l'on considère qu'il n'y a qu'une seule entité : le corps (matérialisme) ou, beaucoup plus rarement, l'âme (spiritualisme). Dualisme et monisme reposent sur le même principe épistémologique : l'effet doit être homogène à sa cause. Disons d'emblée qu'il est impossible de se tenir à un dualisme strict ou à un monisme strict, qu'on s'inscrive dans le cadre du substantialisme du XVII e siècle ou dans le cadre plus épistémologique qui est celui de la philosophie contemporaine. Toutes les solutions proposées se placent entre ces deux termes extrêmes. Disons encore que selon la solution proposée l'ordre des moments distingués dans la passion est susceptible de varier, ainsi que l'ordre des passions premières qu'on en dérive.

Le XVII e siècle offre un bel échantillon de réponses possibles. Descartes est la figure exemplaire du dualisme ;

Hobbes du monisme matérialiste et Leibniz présente une forme de spiritualisme composé. La position de Spinoza est plus singulière. Le débat aura été réanimé au XXe siècle dans le cadre de la *philosophy of the mind* et de la psychologie des émotions où sont proposées une multitude de variantes, sans que les bases structurelles de la question soient véritablement modifiées. Toutes les solutions avancées à la faveur de cette opposition plus ou moins frontale entre dualisme et monisme obéissent au principe épistémologique de l'homogénéité de la cause et de l'effet et de la proportion de celui-ci à celle-là. L'unique façon de rendre ce débat métaphysique sans objet, consiste à modifier la conception qu'on se fait de la causalité et à rendre le rapport entre la cause et l'effet indifférent à la nature des termes, ce que fait Hume au XVIIIe siècle ou ce que font au XXe siècle d'une façon indirecte les théories fonctionnalistes.

Le dualisme et ses avatars

Descartes ouvre son traité des *Passions de l'âme* de manière abrupte, déclarant : « Il n'y a rien en quoi paraisse mieux combien les sciences que nous avons des Anciens sont défectueuses, qu'en ce qu'ils ont écrit des passions » (art. 1)[1], et file directement vers le point central : « En sorte que, bien que l'agent et le patient soient souvent fort différents, l'action et la passion ne laissent pas d'être toujours une même chose, qui a ces deux noms, à raison des deux divers sujets auxquels on la peut rapporter » (art. 1). Aristote tenait déjà cette sorte d'argument touchant la perception sensible et la connaissance ; Descartes l'applique au rapport entre le corps et l'âme : dans

---

1. Descartes, *Les passions de l'âme*, introd. et notes, G. Rodis-Lewis, avant-propos D. Kambouchner, nouvelle éd., Paris, Vrin, 1994. Nous donnons dans le corps du texte le numéro des articles.

la passion, le corps agit sur l'âme et donc ce qui est action dans le corps est passion dans l'âme et au total il n'y a qu'une seule et unique opération qui est de l'âme et du corps. Ce qui peut s'entendre en termes conciliateurs : la même opération peut être lue de deux façons selon le point de vue et le langage adoptés, quoique l'âme et le corps soient deux substances différentes et qu'il faille séparer leurs fonctions respectives. Et l'on n'oubliera pas que l'âme est plus facile à connaître que le corps et qu'elle peut être connue sans le corps : son essence est la pensée, quand l'essence ce dernier est l'étendue, à laquelle on joint le mouvement. Les mouvements du corps relèvent de la science mécanique ; les passions de l'âme relèvent de la métaphysique et de la morale.

Toute la première partie du traité est rédigée en conséquence. L'examen des différentes passions est renvoyé à la seconde partie (les passions primitives) et à la troisième partie (les passions dérivées).

Seul un objet corporel peut produire le mouvement des corps. Ce n'est donc pas l'âme qui donne le mouvement au corps (art. 5) à la différence de ce qui était pensé par les anciens pour lesquels la chaleur du corps, facteur de ses mouvements, avait l'âme pour cause. Il faut donc expliquer les fonctions corporelles de la manière suivante. Après la découverte par Harvey du principe de la circulation sanguine et de la fonction du cœur dans cette circulation, sachant aussi comment les muscles agissent les uns par rapports aux autres en s'opposant et s'équilibrant et quel rôle jouent dans les mouvements des muscles les petits tuyaux qui viennent tous du cerveau et dans lesquels circulent un certain air très subtil qu'on nomme *les esprits animaux* (art. 7), il apparaît que la chaleur qui est continuelle dans le cœur « est une espèce de feu que le sang des veines y entretient, et que ce feu est le principe corporel de tous les mouvements de nos

membres » (art. 8). Et Descartes d'expliquer comment se fait
le mouvement du cœur (art. 9), comment les esprits animaux
sont produits dans le cerveau (art. 10) et comment se font les
mouvements des muscles (art. 11). On peut alors établir la
chaîne, une chaîne purement mécanique dans laquelle l'âme
n'a pas de part : les objets agissent diversement sur les organes
des sens, eux-mêmes en contact avec les nerfs, y suscitant
quelque mouvement, un mouvement qui passe jusqu'au
cerveau où est excité un autre mouvement qui conduit les
esprits animaux, diversement agités, jusque dans les muscles
(art. 35, 36). « La machine de notre corps » (art. 16) est ainsi
mue de manière fort complexe mais toujours par mouvement,
ce qui permet d'expliquer mécaniquement, sans que la volonté
y contribue, les fonctions traditionnellement attribuées à l'âme
végétative, lesquelles fonctions « ne dépendent que de la
conformation de nos membres et du cours que les esprits,
excités par la chaleur du cœur, suivent naturellement dans le
cerveau, dans les nerfs et dans les muscles, en même façon
que le mouvement d'une montre est produit par la seule force
de son ressort et la figure de ses roues » (art. 16). Quant à ce
qui dépend de l'âme, cela se résume à nos pensées qui sont
de deux sortes : les actions de l'âme qui viennent directement
d'elle, à savoir nos volontés, lesquelles se terminent en l'âme
même ou dans le corps, et les passions de l'âme, c'est-à-dire
toutes les perceptions ou les connaissances que l'âme « reçoit
des choses qui sont représentées par elles » (art. 17). Ces
passions peuvent avoir l'âme pour cause : ce sont alors les
perceptions de nos volontés et de tout ce qui en dépend (c'est
une passion pour l'âme d'apercevoir qu'elle veut quoique
cette volonté soit une action de sa part) et toutes les
représentations qu'elle se forme de ce qui est seulement
intelligible ; d'autres ont le corps pour cause sans dépendre

des nerfs (les imaginations : les rêveries, les songes) ou au contraire s'avèrent dépendre des nerfs et elles sont alors de trois sortes : celles que nous rapportons aux objets extérieurs (les perceptions sensibles : la lumière d'un flambeau, le son d'une cloche, etc.), celles que nous rapportons à notre corps (la faim, la soif, la douleur, la chaleur, etc.) et celles que nous rapportons seulement à notre âme « desquelles on ne connaît communément aucune cause prochaine » (art. 25) et qui sont plus particulièrement nommées des *passions*. La définition des passions de l'âme est donc la suivante : « Il me semble qu'on peut généralement les définir : des perceptions ou des sentiments ou des émotions de l'âme qu'on rapporte particulièrement à elle et qui sont causées, entretenues et fortifiées par quelque mouvement des esprits » (art. 27).

Cet effort de définition est méritoire mais on pourrait lui reprocher de ne conduire qu'à une définition nominale puisque cette définition ne lève pas la difficulté : comment peut-on rapporter à l'âme ce qui est causé par le mouvement des esprits animaux ? Or il faut les rapporter à l'âme (en faire des « vécus » de l'âme) pour les distinguer des simples réactions corporelles qui se réduisent à des impulsions mécaniques ordonnées à la conservation de la machine. Comment l'opération corporelle peut-elle devenir un sentiment ou une émotion dans l'âme ? Comment les mouvements du corps peuvent-ils survenir dans l'âme ? Cette question peut être prise des deux côtés. Du côté du corps, d'abord. Descartes introduit une sorte d'interface qui est la glande pinéale, placée à l'intérieur du cerveau, pouvant modifier par sa réactivité le cours des esprits animaux, occupant une place centrale ver laquelle les esprits animaux convergent ou se distribuent en direction des différents muscles ; organe qui, étant « immédiatement contre l'âme » (art. 35) est tenu pour le siège de l'âme [1], l'âme y exerçant plus particulièrement ses fonctions que dans les autres parties du corps (art. 31). Du côté de l'âme ensuite. Il est remarquable que Descartes fasse de l'admiration (ou de la surprise) la première des passions comme si la survenance de l'événement suscitait à elle seule une passion, et la plus fondamentale des passions (art. 53 et 70), comme si la passion était d'abord *émotion*. Certes, cette émotion n'est pas tout-à-fait première dans l'âme puisqu'il faut que l'âme ait reconnu l'objet qui la cause comme étant nouveau, rare ou exceptionnel, mais elle marque bien le caractère événementiel de la passion. Avec la passion, quelque chose commence dans l'âme. Cette considération est pertinente. Mais pas plus que la glande pinéale elle n'est propre à établir le lien entre les deux substances : la glande pinéale (aujourd'hui on parlerait de réseaux neuronaux) est en quelque sorte l'acmé de l'activité mécanique du corps ; l'admiration n'est évidemment pas l'acmé de l'activité spirituelle de l'âme, mais elle est bien dans l'âme une sorte d'origine ou de naissance. Paradoxalement, le dualisme cartésien, s'il paraît être un obstacle insurmontable à *l'explication* des passions, est d'une remarquable finesse touchant l'*analyse* de la passion.

Ainsi, métaphysiquement parlant, l'action d'une substance sur l'autre reste une énigme, masquée par cette belle formule que « l'organe est contre l'âme » pour éviter de dire que l'une agit sur l'autre et réciproquement. L'article 41 met les choses au point : « la volonté est tellement libre de sa nature, qu'elle ne peut jamais être contrainte », quoiqu'il se termine sur une

---

1. La question du siège de l'âme ou de ses opérations est aussi ancienne que Galien qui, reprenant la tripartition de l'âme de Platon, place la partie rationnelle dans l'encéphale, le θυμός (la partie emportée de l'âme) dans le cœur, et l'appétit ou le désir dans le foie (De *usu partium*, IV, 13).

formule quelque peu évasive qui n'est pas sans annoncer l'harmonie leibnizienne entre la série des événements corporels et la série des événements spirituels : dans les passions qui dépendent absolument des actions corporelles qui les produisent, « toute l'action de l'âme consiste en ce que par cela seul qu'elle veut quelque chose [dans le cas d'une volonté suivie d'un mouvement], elle sait que la petite glande, à qui elle est étroitement jointe, se meut en la façon qui est requise pour produire l'effet qui se rapporte à cette volonté ». Tout est dit : la simple conjonction, la concordance entre les deux ordres et la transformation du vouloir en savoir. Spinoza se souviendra de cela. Il ne peut y avoir de conflit entre une partie supposée inférieure de l'âme et sa partie supérieure, puisque l'âme est sans partie : « la même qui est sensitive est raisonnable et tous ses appétits sont des volontés » (art. 47). Mais la difficulté est répétée : « … il n'y a point en ceci d'autre combat, sinon que la petite glande qui est au milieu du cerveau, pouvant être poussée d'un côté par l'âme et de l'autre par les esprits animaux, qui ne sont que des corps ainsi que j'ai dit ci-dessus, il arrive souvent que ce deux impulsions sont contraires … » (art. 47). Certes, l'homme « est une seule personne qui a ensemble un corps et un esprit »[1], mais c'est répéter que l'action et la passion ne font qu'une seule et unique chose.

Maintenir la distinction absolue des deux substances a toujours un coût. Descartes dit, et nous l'avons relevé, que l'action du corps est la passion de l'âme et qu'il n'y a en cela qu'une seule et unique opération. Mais faisant du corps et de l'âme deux réalités substantielles différentes, il lui faut pour tenir sa thèse poser en l'homme la réalité d'une substance

---

1. Descartes, Lettre à Élisabeth, 28 juin 1943, éd. Adam et Tannery, Paris, Vrin, 1988, III, 690.

composée qui soit *une* quoique joignant deux substances
différentes ; et il lui faut aussi supposer une constante
correspondance entre la série des événements corporels (les
opérations du corps) et la série des événements mentaux (les
passions de l'âme). Or, traditionnellement, quand il faut définir
ce qu'est une substance, on joint à son caractère « un » sa
simplicité. Comment une substance peut-elle être une et
composée ? Il n'est donc pas étonnant que ses successeurs,
Spinoza, Malebranche et Leibniz, n'ait retenu que la
correspondance et aient le premier maintenu le principe d'une
substance unique, le second posé le principe que chaque
événement corporel soit l'occasion de l'événement spirituel
qui lui correspond ou le troisième défendu la thèse d'une
harmonie préétablie entre les deux ordres. Le coût métaphysique
est évident : pour résoudre le problème de l'action du corps
sur l'âme et de l'âme sur le corps, il faut introduire l'être de
Dieu et sa puissance. Dans le cas de Malebranche, ce coût
est disproportionné : à chaque occasion d'un événement
corporel ou mental Dieu produit une modification dans l'esprit
ou dans le corps, et, Dieu étant d'une parfaite sagesse et
puissance, nous avons l'assurance qu'il est constant dans ses
opérations. Certes, « Les passions sont des mouvements de
l'âme qui accompagnent celui des esprits et du sang, et qui
produisent dans le corps, par la construction de la machine,
toutes les dispositions nécessaires pour entretenir la cause
qui les a fait naître »[1]. Mais il faut redire que « le corps par
lui-même ne peut être uni à l'esprit, ni l'esprit au corps. Ils
n'ont nul rapport entre eux, ni nulle créature à quelque autre ;
je parle des rapports de causalité tels que sont ceux qui
dépendent de l'union de l'âme et du corps. C'est Dieu qui

---

1. Malebranche, *Traité de morale*, I, 13, § 3.

fait tout » [1]. On ne manquera pas de dire que raisonner de la sorte, c'est plus avouer la difficulté que la résoudre. Or le coût épistémologique est aussi considérable. Si l'on fait abstraction de la puissance du Créateur, il faut dire que, dans l'étude scientifique du monde, lorsque nous parlons de cause et d'effet, nous sommes incapables de discerner dans la cause un quelconque pouvoir causal. Malebranche le dit excellemment : « L'expérience m'apprend que je sens de la douleur, par exemple, lorsqu'une épine me pique. Cela est certain. Mais demeurons-en là. Car l'expérience ne nous apprend nullement que l'épine agisse sur notre esprit, ni qu'elle ait aucune puissance » [2]. Et même dans l'ordre de la nature nous ne pouvons rendre compte de manière suffisante des enchaînements de causalité. À cet égard, l'oratorien ouvre la voie à Hume. Enfin, il faut apprécier à sa pleine mesure la conséquence d'une définition purement occasionnaliste des passions, à savoir un dualisme moral. Quoiqu'elles soient dans l'âme, les passions sont telles que « tout ce qui arrive à l'esprit par le corps, n'est que pour le corps » [3]. Le thème est traditionnel : les passions sont au service du bien du corps et Dieu les a voulues pour assurer ces biens sensibles que sont la conservation de la vie, la génération etc. (l'âme végétative d'Aristote). Mais il reste que : « Dieu ne parle à l'esprit que pour l'éclairer et le rendre parfait ; le corps ne parle à l'esprit que pour l'aveugler et le corrompre en sa faveur. Dieu par la lumière conduit l'esprit à la félicité : le corps par le plaisir entraîne et précipite l'homme dans son malheur » [4] (I, 10, 2). Ainsi, la matière, qui est sans action par elle-même, a la faculté

---

1. Malebranche, *Traité de morale*, I, 10, 2.
2. Malebranche, *Entretiens sur la métaphysique et la religion*, VII, § 2.
3. *Traité de morale*, I, 13, § 8.
4. *Ibid.*, I, 10, 2.

de recevoir des mouvements de la part de l'Auteur de la nature ; l'esprit a la faculté de recevoir du même Auteur des inclinations naturelles qui sont droites et qui se porteraient à leur fin si elles n'étaient perturbées. « Car notre âme peut déterminer diversement l'inclination ou l'impression que Dieu lui donne »[1] et particulièrement, par l'exercice de sa liberté, détourner la volonté de sa fin.

Leibniz brouille les cartes. Il pose bien le principe de l'harmonie préétablie entre ces deux ordres de réalité que sont le corps et l'âme, mais il nie que la matière soit par elle-même une substance, usant de l'argument simple que toute substance est un principe d'unité, que la matière est un amas de parties infiniment divisibles et qu'elle est donc entièrement passive. En ce sens, le corps n'est pas une machine, il faut y placer un principe actif, il faut en faire un centre de force. Ce qui a une double conséquence : d'une part, la vraie science de la réalité physique n'est pas la mécanique mais la dynamique ; d'autre part, l'on revient aux formes substantielles dérivées de l'hylémorphisme d'Aristote : la substance est la forme d'une matière passive. Comment concevoir ces unités substantielles ? À titre naturel, comme des organismes ; à titre métaphysique, comme des âmes toutes pourvues de perception et d'appétition mais plus ou moins parfaites en leur genre respectif. L'on est ainsi conduit à un monisme spiritualiste, celui de la monadologie : tout être est un être organisé et tout être organisé est une âme, l'esprit étant chez les êtres humains une forme supérieure de l'âme. Mais si la matière est passive, cela signifie que toute substance est essentiellement active et donc qu'elle ne subit dans le monde aucune passion. Tout ce qui lui arrive répond au développement interne de son être.

---

1. *De la recherche de la vérité*, I, 1, 2, 46.

La seule passion qu'elle connaisse est celle qui lui vient de la dépendance où elle est de son Créateur. « Il n'est pas possible que l'âme ou quelque autre véritable substance puisse recevoir quelque chose par dehors, si ce n'est la toute-puissance divine »[1]. Mais s'il en est ainsi, non seulement l'âme ne peut subir d'influence de son corps mais aussi d'aucune autre âme. Ce pour quoi il faut poser le principe de l'harmonie universelle, c'est-à-dire de la correspondance que le Créateur a établi dès l'origine entre toutes les substances ou âmes. L'organisation du corps répond à ce jeu des correspondances entre les âmes (qui n'ont pas toutes le même degré de perfection ontologique). Métaphysiquement, toute étendue matérielle est organisée et tout organisme est la mise en harmonie des différentes unités de vie et d'âme. L'harmonie préétablie entre l'âme et le corps est une application de l'harmonie universelle entre les substances ou âmes. Leibniz peut déclarer : « La masse organisée dans laquelle est le point de vue de l'âme, étant exprimée plus prochainement par elle, et se trouvant réciproquement prête à agir d'elle-même, suivant les lois de la machine corporelle, dans le moment que l'âme le veut, sans que l'un trouble les lois de l'autre… c'est ce rapport mutuel réglé par avance dans chaque substance de l'univers, qui produit ce que nous appelons leur *communication* et qui fait uniquement *l'union de l'âme et du corps* »[2]. On ne saurait attendre de Leibniz un traité des passions.

Le monisme et ses concessions

Hobbes est le contemporain de Descartes. L'analyse des passions qu'il présente dans les *Éléments du droit naturel*

---

1. Leibniz, *Système nouveau de la nature et de la communication des substances*, Paris, GF, 1994, p. 72.

2. *Ibid.*, p. 73-74.

et politique, rédigés en 1640 (le manuscrit circulant dans les années qui suivent) et repris pour partie dans le *Léviathan* et le *De homine*, précède de quelques années le traité des *Passions de l'âme* de Descartes. Dans son étude des passions, Descartes est mécaniste dans le registre du corps et spiritualiste dans celui de l'âme. Dans le premier registre, la causalité est matérielle et efficiente; dans le second, elle est finale. Encore faut-il introduire une nuance concernant la première assertion : le monde et l'homme ayant été créés par la sagesse de Dieu, il faut ajouter que le système mécanique que constitue un organisme vivant a une fin naturelle : la conservation du système, c'est-à-dire, pour parler dans les termes d'Aristote, la préservation de la vie de l'individu par la nutrition et de l'espèce par la reproduction. Hobbes est mécaniste comme Descartes, mais il est clairement matérialiste : la passion est une émotion, mais une émotion est une motion. Tout se résout en termes de mouvement. Il n'y a pas de passions de l'âme, mais seulement du corps. Hobbes distingue deux sortes de mouvements, le mouvement vital, mouvement des organes et des parties intérieures du corps, qui ne s'interrompt que par la mort et dont dépendent les fonctions vitales (respiration, nutrition, etc.) et le mouvement animal ou mouvement volontaire (parler, marcher, mouvoir). La différence entre les deux mouvements est que le second qui varie a pour cause « la pensée antécédente du *vers où* [la fin], du *par où* [le moyen] et *du quoi* [l'objet lui-même] »[1], c'est-à-dire a besoin d'une représentation dans l'imagination. La respiration est un mouvement vital, le désir qui se représente son objet est un mouvement animal. On pourrait croire que l'imagination constitue un moment spécifiquement mental dans la production du mouvement animal, moment supposant une perception antécédente et qui se caractériserait par la représentation de

1. Hobbes, *Léviathan*, trad. fr. F. Tricaud, Paris, Sirey, 1971, p. 46.

l'objet comme fin de l'action, de sorte qu'il faudrait concéder l'existence d'une activité de l'esprit qui ne serait pas de nature mécanique. Il n'en est rien. Les objets extérieurs pressent l'organe des sens, cette pression se propage vers l'intérieur par l'intermédiaire des nerfs et des autres fibres ou membranes du corps, jusqu'au cerveau et au cœur, et rencontre là une résistance, un effort (*conatus*) du cœur pour se délivrer : « cet effort, étant dirigé vers l'extérieur, semble quelque réalité au dehors. Et ce semblant, ce phantasme, c'est ce qu'on appelle *sensation* » [1]. Toutes les qualités sensibles que nous attribuons aux objets ne sont que du mouvement, « car le mouvement ne produit que le mouvement. Mais ces mouvements nous apparaissent sous forme de *phantasmes*, aussi bien lorsque nous veillons que lorsque nous rêvons » [2]. Le mouvement obéit au principe d'inertie : il se conserve si quelque chose ne s'y oppose pas et, dans ce dernier cas, il se réduit par degrés. C'est pourquoi, après que l'objet a été ôté (par exemple, si nous fermons l'œil) nous gardons encore une image : « l'imagination n'est donc rien d'autre qu'une sensation en voie de dégradation » [3]. Reste à expliquer mécaniquement la représentation de l'objet comme une fin vers laquelle tendre. Or la finalité active dans la représentation de l'objet n'est que le phénomène mental de petits commencements de mouvements qui sont intérieurs au corps et qui sont autant de petits efforts (*conatus*) insensibles, en réponse à la pression [4]. Ces efforts, quand ils tendent à nous rapprocher de l'objet ont pour phénomène ce que nous appelons l'*appétit* ou le *désir*, quand ils ont tendance à nous en détourner, ils ont pour phénomène ce que nous appelons l'*aversion*.

1. *Ibid.*, p. 12.
2. *Ibid.*
3. *Ibid.*, p. 15.
4. *Ibid.*, p. 46-47.

Il y a donc deux ordres : l'ordre de la réalité, qui est celui du mouvement, de la pression et de la contre-pression, et des petits mouvements ou efforts, et l'ordre du phénomène : se produit un phantasme, une *apparition* mentale du processus physique de la passion, laquelle se change en désir ou en aversion quand la cause matérielle productrice prend *l'apparence* d'un objet extérieur vers lequel tendre ou dont se détourner. Plus précisément, le mouvement vital obéit au principe de la conservation de la vie. Les conceptions (nos pensées) sont des phénomènes ou des apparitions dans l'esprit, au sens dit, et en réalité des mouvements dans le corps qui sont susceptibles de favoriser ou de contrarier le mouvement vital. Lorsque le mouvement vital s'en trouve favorisé, l'on a ce qu'on appelle *plaisir* ou *contentement*, ce qui n'est rien de réel, sinon « du mouvement entourant le cœur » [1]. Lorsque le mouvement vital s'en trouve affaibli, l'on a ce qu'on appelle *douleur*. Le plaisir, par définition, plaît et suscite donc le désir ou l'amour ; la douleur déplaît et engendre l'aversion et la haine.

Récapitulons ce schéma mécaniste sous la forme du tableau suivant :

Cause mécanique	Mouvement vers la tête	Qui conduit jusqu'au cœur (siège du mouvement vital)	D'où en retour, une sollicitation, un effort (conatus) : commencement du mouvement animal
	Sensation image, conception	Plaisir (mouvement vital aidé) Douleur (mouvement vital contrarié)	Lorsque l'objet plaît : appétit ou amour ou désir. Lorsqu'il déplaît : aversion ou haine

1. Hobbes, *Éléments du droit naturel et politique*, trad. fr. D. Thivet, Paris, Vrin, 2010, p. 74.

Un matérialiste conséquent lira ce tableau de la manière suivante : à l'horizontale pour la première ligne, à la verticale pour la seconde, puisqu'il n'y a pas de chaîne mentale comme il y a une chaîne mécanique. On comprend aussi de là que les phénomènes (nos sensations, nos pensées, nos passions) n'ayant pas de réalité autre que ce dont ils sont l'apparition, tout le discours qui sera tenu à leur sujet sera une construction verbale. En particulier, n'y ayant pour nos passions qu'une seule réalité, le mouvement, et rien ne ressemblant plus au mouvement que le mouvement, tout le travail de distinction et de description des différentes passions se réduira à une affaire de mots, rapportée à la diversité des circonstances, comme le montre assez la sèche énumération des passions à laquelle Hobbes procède.

Ce mécanisme de Hobbes, scandaleux au XVIIe siècle, est devenu banal à la fin du XVIIIe siècle. Destutt de Tracy en reprend les termes. Dans la perception, les mouvements se communiquent jusqu'au cerveau.

> Les uns et les autres réunis ou combinés en occasionnent encore d'autres qui sont ceux qui produisent des jugements, des désirs ; enfin ces derniers sont de nature à faire naître ceux qui agitent nos membres et emploient leur action… : en sorte que les affections qu'éprouve l'être sensible à l'occasion des impressions qu'il reçoit, ses souvenirs, ses jugements, ses désirs, en un mot tous les phénomènes intellectuels qui se passent en lui, sont de simples circonstances et dépendances des mouvements qui s'exécutent aussi en lui, mais n'influent point sur ses mouvements… [1].

---

1. Destutt de Tracy, *Éléments d'idéologie, Traité de la volonté et de ses effets*, Paris, Vrin, 2015, p. 257.

En toute rigueur, on ne saurait dire que la passion survient *dans* l'esprit car l'esprit, n'ayant pas de réalité substantielle, est en lui-même le phénomène. De la chaîne qui va de la cause productrice au mouvement de l'appétit ou de l'aversion et aux autres mouvements en lesquels consistent les autres passions – de cette chaîne l'explication mécaniste prétend rendre compte de manière nécessaire et suffisante. Il y a toutefois un plus : précisément, ce phénomène qu'est l'esprit. Dès lors, le point de contestation possible face à un réductionnisme aussi intégral est le suivant : si l'on peut admettre que l'explication de type physique soit nécessaire et que l'effet corporel de la passion suive de sa cause corporelle, faut-il dire pour autant qu'elle soit suffisante, non seulement parce qu'il y a un plus, le phénomène de l'esprit, mais encore parce que des composantes qui paraissent relever de l'esprit, la sensation, la représentation, l'intention, interviennent dans la chaîne ? Paradoxalement, un tel mécanisme matérialiste, lorsqu'il est contraint d'avouer qu'il y a un reste qui échappe à l'explication qu'il fournit, ouvre la carrière à une phénoménologie : si l'esprit est vraiment phénomène, alors affranchissons-le de l'étude des contraintes du naturalisme physique et développons une méthode propre et autonome, capable d'analyser les passions indépendamment de leur traitement naturaliste auquel on pourra bien laisser sa place, mais dans le cadre borné qui est le sien.

Causalité mentale et causalité physique dans la passion

Ainsi, ou l'on maintient strictement le principe de deux réalités substantielles et l'on exclut toute compréhension du rapport de causalité entre les deux, au point, chez Leibniz, de remplacer ce rapport par ceux d'expression de la substance et d'harmonie entre les substances, et de tomber dans un spiritualisme moniste qui ne permet plus de comprendre en quoi une passion est une *passion* ; ou l'on maintient le principe causal de l'action et de la passion, mais la distinction, qui certes n'est plus entre deux substances, survit dans la distinction entre la réalité du corps et la phénoménalité de l'esprit. Dans les deux cas, on n'obtient pas une explication suffisante de la passion. Deux solutions sont possibles que nous allons envisager successivement : ou l'on diminue autant qu'on le peut l'engagement métaphysique ou l'on modifie la conception qu'on se fait de la causalité.

On ne peut nier que la passion ne soit une affaire de corps et d'esprit. On pose également qu'expliquer, c'est découvrir la cause réelle des phénomènes. Enfin, on se donne une règle : fournir une théorie des passions (ou des émotions) qui demande le moins d'engagement métaphysique. Il est clair à cet égard que la thèse moniste est moins coûteuse métaphysiquement que la thèse dualiste, surtout si l'on y joint le principe de l'homogénéité de la cause et de l'effet. Nul ne peut ignorer la réalité des corps. Il est vrai que nul ne peut ignorer non plus ce qui se présente à son esprit, dans la conscience qu'il a de lui-même. On raisonnera donc comme Hobbes : il n'y a de réalité que corporelle ou matérielle et cette réalité est régie par le principe qu'une cause corporelle ne peut produire qu'un effet corporel (ce qu'on appelle le principe de clôture causale) ; quant à ce qui apparaît dans la conscience, ce n'est que le phénomène de cette réalité. Ce qu'il faut traiter, c'est donc cette phénoménalité. Tentons d'abord de la réduire à rien.

C'est un fait que nous ne cessons de décrire ou de raconter en termes mentaux ce qui apparaît dans notre conscience. Pour ne pas retomber dans les complications du dualisme tout en conservant le principe simple de clôture causale, on peut commencer par dire que cette dualité du réel et du phénomène n'est qu'une affaire de langage. Il ne saurait y avoir de dualité réelle du corps et de l'esprit et donc, dans l'explication, l'esprit n'a d'autre réalité que corporelle. Certes, il y a deux langages : celui de l'explication physique de la passion et celui de sa description mentale, mais cette distinction n'emporte pas plus que la distinction entre *H2O* et *eau*. Dans la vie de tous les jours nous parlons, par exemple, de nos besoins en eau, mais ce n'est que la façon commune de parler. En vérité, il n'y a qu'une seule réalité : H_2O, un corps qui associe deux atomes d'hydrogène à un atome d'oxygène et dont on peut étudier les propriétés. Et seul ce dernier discours est vrai. Analogiquement, chacun peut décrire les passions qu'il vit, Racine peut mettre en vers la passion incestueuse de Phèdre ou la fidélité d'Andromaque ; mais tout discours de science sur les passions en cherchera les causes réelles dans les opérations des organes sensoriels, du système nerveux et du cerveau.

Cette thèse de l'identité du physique et du mental, qui élimine le mental au profit du physique et qui est appliquée à tout le champ de la conscience, n'est pas nouvelle. Elle a inspiré toute une tradition médicale depuis la doctrine galénique des tempéraments en passant par les analyses d'un Cabanis sur les rapports du physique et du moral[1]. Il est vrai que, métaphysiquement parlant, revenait périodiquement dans cette tradition la difficulté de savoir si par le mot *corps* il faut entendre le corps organique ou tout corps matériel, si le vivant se réduit à une machine ou si, comme le voulait Diderot, il faut accorder la sensibilité à la matière. Mais cette thèse inspire encore les analyses plus contemporaines d'un Herbert Feigl[2]

1. Cabanis, *Rapport du physique et du moral de l'homme*, Genève, Slatkine, 1980.
2. The « mental » and the « Physical », H. Feigl, M. Scriven and

qui se propose de démontrer l'erreur de l'interactionnisme (du corps sur l'esprit et de l'esprit sur le corps) et qui invente pour cela, l'outil fictif de l'autocérébroscope [1] qui permettrait au sujet d'avoir telle perception ou d'éprouver telle passion et de visualiser simultanément, en image, l'activité de son cerveau [2]. Par quoi l'on prouverait que s'il y avait une véritable interaction, la pensée qu'on a ou la passion qu'on éprouve causerait une perturbation dans la corrélation entre la série mentale des vécus et la suite des événements corticaux. La condition est évidemment que le sujet, s'il était doté d'un tel artefact, puisse en même temps éprouver une émotion et, l'esprit rassis, lire son écran. Or il est facile d'objecter qu'il est fort douteux qu'on puisse vivre une passion et, dans le même temps, se servir à soi-même de cobaye pour une expérimentation neuro-cérébrale. Sans compter qu'on ne possèdera pas avant longtemps un tel outil. Mais l'idée reste présente dans les représentations naïves qu'on se fait de

G. Maxwell (ed.), *Concepts, theories and the mind-body problem*, Minnesota Studies in the philosophy of Science, vol. II, Minneapolis, University of Minnesota Press, 1958, p. 370-497. ; trad. fr. Ch. Lafon et. B. Andrieu, *Le « mental » et le « physique »*, Paris, l'Harmattan, 2002.

1. Herbert Feigl, *The compleat autocerebroscopist*, Archives H. Feilg, 5 avril 1954 ; trad. fr. C. Lafon, dans *Herbert Feigl, De la physique au mental*, éd. B. Andrieu, Paris, Vrin, 2006, p. 205-207.

2. À noter un usage possible de l'autocérébroscope entrevu, bien avant son invention, par Charles Bonnet au XVIIIe siècle : puisque nous ne pouvons savoir l'essence de l'âme ni l'essence du corps, nous pouvons du moins étudier les fibres du cerveau et leurs mouvements. « Si donc j'ignore comment le mouvement de certaines fibres de mon cerveau produit dans mon âme des idées, je sais au moins très bien que je n'ai des idées qu'en conséquence des mouvements qui s'excitent dans certaines fibres de mon cerveau. Je raisonne donc sur ces fibres, et sur leurs mouvements ; je les regarde comme des *signes* naturels des idées », *Essai analytique sur les facultés de l'âme*, 1760, rééd. Hildesheim – New York, G. Olms Verlag, 1973, p. XXI.

l'usage de l'imagerie cérébrale : pouvoir lire sur un écran coloré l'activité mentale d'un autre homme que soi et généraliser les résultats. Une idée qui n'est pas libre d'un cercle vicieux implicite : on prend ce qui est visualisé sur écran comme étant le signe de l'activité mentale corrélée et l'on fait de ce qui, somme toute, n'est qu'une image ou un modèle théorique, la réalité même ou, du moins, l'expression physique d'une réalité physique, dont l'activité mentale ne serait à son tour que le signe conscient.

Le sens commun dira que même le neurobiologiste éprouve des passions (il est mu, par exemple, par l'ambition de la découverte) et, que lorsqu'il s'y livre, ses études sur le cerveau ne lui servent de rien. Et l'on peut ajouter que, quand bien même il pourrait suivre, en posant des électrodes sur son cerveau, les chemins neuronaux correspondant au développement de sa passion, et dire le *comment* cela se fait dans le cerveau, il ne pourrait dire *que* cela se fait dans l'esprit, il ne pourrait expliquer le fait mental même de sa passion. Quel statut ontologique, par conséquent, donner au phénomène mental de la passion, si la passion n'a de réalité que physique ? La dualité du réel et du phénomène reste irréductible.

Le champ de la réalité est celui du corps ; le champ de l'esprit est celui du phénomène. Posons cela. Dans la représentation commune qu'on se fait de la chaîne productrice de la passion, le corps est la cause de ce qui se passe dans l'esprit (par le moyen de l'affection sensorielle) et à l'autre bout de la chaîne il en est aussi le signe puisque la passion s'exprime dans des paroles, des gestes ou des comportements. Il y a donc de manière apparente une double articulation, de l'esprit au corps dans la perception et du corps à l'esprit dans l'expression. Touchant la première, on redira : si le corps est la cause réelle de la passion, le vécu mental ne peut en être que le phénomène, mais c'est un phénomène qu'il faut néanmoins rattacher à un principe distinct, si l'on veut éviter la thèse intenable de la pure identité du mental au physique ; et ce principe, on le nomme l'esprit. Répétons alors la question : quel statut accorder à ce principe ? Peut-on poser un principe qui ne soit pas une cause (puisque, par hypothèse, la cause réelle est physique) ? La seconde articulation – la passion s'exprime dans le corps – introduit la question de l'expression : ce principe qu'est l'esprit ne paraît pas davantage la cause des manifestations de la passion, lesquelles, étant corporelles, ne peuvent être que les effets de causes corporelles, en vertu du principe de clôture causale. De la perception à l'expression, la chaîne causale est homogène, elles est corporelle, de sorte qu'on n'a pas besoin de faire intervenir à titre explicatif une quelconque activité de l'esprit, quoiqu'on ne puisse confondre l'esprit avec ce qui se passe dans le corps. Le mot même de *passion* n'a de signification que mentale. Dans l'ordre physique, à parler rigoureusement, il n'y a ni action ni passion, il n'y a que des causes et des effets. Dans toute explication, on part des phénomènes donnés, on en recherche les causes réelles, de ces causes réelles on déduit des effets réels ; et la vérité scientifique ainsi établie se substitue au champ des phénomènes qui avait servi de départ. Mais, ici, la passion est toujours en reste ; c'est pourquoi il faut la rapporter à un principe, l'esprit. Descartes le disait très bien à sa manière : les passions sont des effets mécaniques, mais ce sont des passions *de* l'âme. Mais, répétons-le, quel statut accorder à ce principe qu'est l'âme ou l'esprit ?

Disons-le de la manière suivante : il y a des prédicats que l'on attribue au corps (les opérations physiques) et il y a des prédicats que l'on attribue à l'esprit (les phénomènes mentaux). Si l'on refuse la thèse éliminativiste de l'identité, thèse trop extrême qui prétend que tout se résout par la traduction des prédicats mentaux en prédicats physiques, il faut considérer que ces prédicats, selon qu'ils sont mentaux ou physiques, expriment des propriétés différentes. Mais on maintient par principe que les propriétés mentales dépendent des propriétés physiques, que ce mode particulier de vécu qu'est la passion dépend strictement des opérations qui ont cours dans le cerveau. Or, qu'est-ce qu'une propriété si on ne lui accorde pas une efficace, si on n'en fait pas un pouvoir ? Qu'est-ce que l'amour s'il ne remplit pas l'âme de joie ou s'il ne la conduit pas au repos ?

Le plus simple serait d'accorder à l'esprit une causalité distincte, sans lui accorder pour autant une réalité substantielle. Ainsi font certaines théories contemporaines des émotions qui pour déterminer quelle passion sera produite considèrent que l'émotion ou la passion véhicule un jugement de valeur portant sur l'état des choses, eu égard aux motifs, aux valeurs, aux représentations auxquels s'attache l'individu dans le sentiment qu'il a de son existence ; jugement qui détermine de manière spécifique la passion éprouvée et qui repose sur tout un ensemble de croyances et de conduites. La personne qui est devant moi m'apparaît malveillante plutôt que bienveillante ; elle tient dans sa main un couteau : est-ce une menace ou non ? Cette menace est-elle proche ou lointaine ? J'éprouve un sentiment de peur et, si je perçois que la menace se rapproche, un sentiment de panique. L'on a ainsi un enchaînement de déterminations, qui est proprement une suite d'évaluations ou de jugements portant sur l'importance des circonstances considérées ; et selon le profil de cette suite résulte telle ou telle passion [1].

---

1. À titre de représentant de cette sorte de théories, voir Martha Nussbaum, « Emotions as judgements of value and importance », *in* R. C. Solomon (ed.), *Thinking about feeling : Contemporary philosophers*

Mais entrer dans cette sorte de considérations d'inspiration stoïcienne, n'est-ce pas revenir à une forme implicite de dualisme, car on ne peut ignorer par ailleurs les effets causaux corporels (ma respiration devient haletante, mon cœur cogne, ma vision se brouille, etc.) ? La dualité des modes de causalité n'est-elle pas aussi forte que celle que les classiques posaient entre les substances ? Comment conjuguer les deux pour expliquer un seul et unique événement : la passion de la peur ? On diminue la force de l'objection en posant que cette causalité mentale que l'on reconnaît est elle-même phénoménale et que tout ce qu'il peut y avoir de réel en elle réside dans la causalité physique. Mais c'est une manière de déplacer le problème.

Mais une nouvelle difficulté surgit : pour pouvoir tenir cette thèse du caractère univoque de la causalité (laquelle est fondamentalement physique), il faut pouvoir corréler la suite des phénomènes mentaux et la chaîne des opérations corporelles, une corrélation que l'autocérébroscope de Feigl avait pour but de vérifier. Cette corrélation pose plusieurs questions. D'abord, y a-t-il identité des occurrences, y a-t-il un seul ou deux événements distincts (physique et mental) ? C'est une première question que les théories de l'émergence ou de la survenance du mental sur le physique ont à traiter [1]. Ensuite : est-ce la même chose de dire que tout événement

---

on emotions (p. 183-199). New York, Oxford University Press, 2004. Pour un tableau général des différentes théories contemporaines en psychologie des émotions, voir l'excellente présentation de Gregory Johnson, « Theories of emotion », *The Internet Encyclopedia of Philosophy*, http://www.iep.utm.edu/ today's date.

1. Voir, entre autres, Jaegwon Kim, *Mind in a physical world. An essay on the mind-body problem and mental causation*, Boston, M.I.T., 1998 ; trad. fr. F. Athané et É. Guinet, nouvelle éd., Montreuil, Ithaque, 2014.

mental a à sa source un événement physique, et d'affirmer qu'il y a une stricte correspondance ? Cette correspondance terme à terme n'est-elle pas très incertaine dans le champ des passions ? On peut observer que l'accélération des battements du cœur, la tétanisation des muscles, ne produisent pas toujours chez tous les individus la passion de la peur, ni même chez le même individu, si d'aventure il garde son sang-froid. D'aucuns parleront de passions inconscientes. Enfin, c'est une question de savoir si aux distinctions fines des passions répondent exactement des opérations cérébrales distinctes : il faudrait prouver, par exemple, que l'amour et la joie que l'on en éprouve répondent à des schémas neuronaux différents.

Sans compter que ceux qui placent l'appréciation de l'objet au cœur de la passion ne manqueront pas de lever une autre difficulté, celle du rôle de l'évaluation. Dans la passion, il faut considérer non seulement le rapport entre le corps et l'esprit, mais aussi le rapport entre l'objet qui est la cause de la passion et ce qui se passe dans le corps. Admettons que l'on puisse tenir pour comparables les cas où la cause est externe et ceux où la cause est interne, les cas où elle a rapport à autrui et les cas où elle a rapport à moi-même. Admettons encore que l'on puisse réduire la perception de cette cause à une sensation et cette sensation à une opération sensorielle et cérébrale, il reste que, selon la façon dont cette cause sera évaluée, il s'ensuivra des effets physiologiques différents. Or l'évaluation est une action proprement mentale et elle est ici la condition de l'efficace de la cause. L'on est ainsi face à la concurrence de deux types d'explication. L'une dit : la cause est perçue et appréciée comme agréable ou pénible ; mais la perception et le plaisir et la douleur ne sont que des sensations et donc que des opérations sensorielles et cérébrales, lesquelles produisent à leur tour certaines manifestations corporelles. L'autre objecte qu'un tel schéma explicatif ne permet pas de distinguer entre les passions de manière spécifique (ce n'est pas de la passion en général que j'éprouve, mais de l'amour et de la haine, de l'espoir et du désespoir, etc.) et que si l'on veut entendre la différence des passions, il faut placer au départ de l'explication l'évaluation de la cause (qui ne prend pas nécessairement la forme d'une activité rationnelle), de sorte que la cause de nos passions sont autant nos croyances que les propriétés de l'objet.

Une solution épistémologique ? Hume

Partisans et adversaires du dualisme partagent une chose en commun qui nourrit leur affrontement : le principe de la clôture causale qui tient que la causalité mentale et la causalité physique sont d'ordre différent. La solution n'est-elle pas alors de remettre en cause ce principe ?

Hume, comme pour d'autres questions s'embarrassant dans d'insurmontables disputes entre métaphysiciens [1], propose une solution générale : modifions notre conception de la causalité et la charge métaphysique s'en trouvera diminuée.

Connaître, depuis Aristote, c'est connaître par les causes. Il faut donc établir ce qui cause les passions. Connaître, c'est, à partir des phénomènes, établir des principes généraux. Soit en allant des phénomènes aux lois les plus générales, c'est la méthode d'invention, soit en allant des principes les plus généraux aux phénomènes les plus particuliers, c'est la méthode d'exposition. Jusque-là rien d'original : c'est la méthode traditionnelle des empiristes. Notre présent problème est qu'il

---

1. *Cf.* l'*Enquête sur l'entendement humain*, la section VIII consacrée à la question de la liberté et de la nécessité, la section X consacrée à celle des miracles et la section XI à la question de la providence et d'un état futur, toutes relatives à la causalité et toutes traitées selon la méthode que le philosophe tire de son analyse de l'inférence causale.

faut admettre deux sortes de causalité, celle du corps et celle de l'esprit, et expliquer leur interaction. Or il y a un moyen simple de ne pas buter sur cette dualité. Il suffit de poser que la relation de causalité n'a rien de réel et qu'on n'a pas à connaître la nature de ses termes pour en faire usage. Il est vain en effet, dit Hume, de rechercher le fondement de la relation causale dans un quelconque pouvoir causal qui appartiendrait d'une manière ou d'une autre à la cause, car on peut se livrer à des inférences causales sans rien connaître de la nature de la cause. Une cause n'est jamais connue que par ses effets, elle est donc une relation. Ainsi, Newton a pu établir le principe de l'attraction universelle et en donner la formule mathématique, il a pu expliquer par ce seul principe des effets aussi divers que la gravité, la fluctuation des marées et la révolution de la terre autour du soleil, tout en avouant à demi-mots qu'il ne savait pas en quoi pouvait consister cette force de l'attraction. Et Hume dans le même esprit demande : Qu'est-ce qu'une force ? Qu'est-ce que ce pouvoir d'effet qui serait dans la cause ? La relation de la cause à l'effet se réduit à la conjonction constante observée entre deux ou plusieurs phénomènes, ou deux ou plusieurs séries de phénomènes, et nous disons des uns qu'ils sont la cause et des autres qu'ils sont l'effet. Et cela suffit pour nous permettre d'inférer des principes généraux. Un principe ne jouit d'aucune évidence par soi, sa validité tient toute entière à son pouvoir d'explication. Car la relation de causalité n'est pas dans les choses, elle est dans notre esprit, elle est un des trois principes d'association auxquelles l'imagination ou l'entendement se plie régulière-ment. Dès lors, elle peut être indifférente à la nature ontologique des termes. Que dans la chaîne processuelle de la passion se succèdent des moments qu'on dit physiques et des moments qu'on dit mentaux ne fait pas de problème : il faut seulement vérifier que la conjonction de ces différents moments est bien constante. Ainsi en abandonnant le principe d'homogénéité de la causalité, en admettant qu'un effet puisse ne pas être du même ordre que sa cause, on neutralise la question métaphysique.

Dans le domaine des passions, la méthode expressément appliquée par Hume est la méthode inductive. Quand on examine la production des passions, leurs causes et leurs effets, il faut, partant des phénomènes, dégager des principes généraux qui soient capables d'expliquer ces phénomènes ; lesquels toutefois peuvent paraître plus complexes que l'analyse que l'on en fait et même parfois contraires. Pour réparer cette insuffisance, il faut alors introduire la considération de nouvelles circonstances, c'est-à-dire croiser le principe causal qu'on a posé avec d'autres principes à découvrir ; et ainsi l'on parviendra à une analyse plus fine et plus exacte. Touchant les passions directes, le principe le plus général est celui-ci : certains objets produisent immédiatement une sensation agréable, d'autres une sensation pénible. Comment ? Cela est dû à la structure primitive de nos organes. Affirmation péremptoire qui n'a rien d'évident. Mais nous savons qu'on ne demande pas à un principe d'être évident. En revanche, ce principe du plaisir et de la douleur est trop limité : d'autres objets sont dits bons ou mauvais en raison de leur conformité ou de leur contrariété naturelle à nos passions. Voilà un nouveau principe. Nous ne saurons pas davantage en quoi consiste cette conformité ou cette contrariété, et les dire *naturelles* est une manière de ne pas chercher à en rendre raison. Ce nouveau principe élargit le champ du premier qui s'énonce désormais de la façon suivante : tous les objets suscitent une sensation de plaisir ou de douleur, soit immédiatement soit en s'accordant à nos passions ou en les contrariant.

Mais de la sorte, l'on n'a encore rien dit de la diversité des passions. Or cette diversité tient au jour selon lequel les objets sont envisagés. Nouvelle complication. La première circonstance à considérer est le degré de certitude du bien ou du mal. D'où l'on déduit le système des passions directes. Et au prix d'une nouvelle complication, on passera aux passions indirectes.

Plusieurs choses sont à noter. D'abord, que le mécanisme corporel producteur du plaisir et de la douleur et donc des passions est évoqué et aussitôt écarté du champ d'investigation. Ensuite, que le principe du plaisir et de la douleur (qui sont des impressions de sensation) et le principe des passions (qui sont des impressions de réflexion) n'ont pas même simplicité puisque « les impressions secondaires ou réflexives sont celles qui procèdent de l'une de ces impressions primitives, soit immédiatement soit par l'interposition de son idée » [1]. D'autre part, que ces deux premiers principes qui relèvent d'une appréciation affective de l'objet sont conjugués avec le troisième qui relève d'une évaluation intellectuelle (certitude ou incertitude du bien ou du mal). Là encore, l'association de la sensibilité et de l'entendement est posée sans qu'en soit donnée une quelconque justification rationnelle. Répétons que dans un raisonnement empiriste, tout principe n'est jamais qu'un fait général qui n'est validé que par la puissance explicative qu'il tire de sa généralité même ; il n'est vrai que pour autant qu'il permet d'expliquer un ensemble de phénomènes et relativement à une extension donnée. D'où l'empressement de Hume à vanter les mérites de son système

1. Hume, *Traité de la nature humaine*, II, 1, 1, § 1 (notre traduction). Hume aménage ainsi une distinction faite par Francis Hutcheson entre les affections simples (désir et aversion) et les passions. Voir *An essay on the nature and Conduct of the passions and affections, with illustrations on the moral sense*, (1728), Indianapolis, Liberty Fund, 2003, p. 30.

et de montrer à ses contemporains combien une telle lecture analytique des phénomènes donne une intelligence fine de la vie passionnelle.

Enfin, et c'est peut-être la chose le plus remarquable, il faut insister sur le paradoxe apparent du propos. Le point de départ n'est pas l'objet lui-même, mais l'objet bon ou mauvais, c'est-à-dire l'objet apprécié par plaisir ou douleur, puis évalué en fonction de son degré de probabilité. On attendrait donc que le système se développe en une théorie générale du bien ou de l'utile réfléchissant une intentionnalité de type pratique. Or la causalité mise en œuvre par Hume est purement *mécanique*, non pas en ce sens que les passions se produiraient par mouvement, comme chez Hobbes, mais en ce sens que, comme en tout autre domaine, les causes produisent leurs effets et que les principes expliquent les phénomènes, sans qu'il soit rendu raison de cette production de manière suffisante. Toute explication invoquant une intentionnalité est une explication de raison. Hume est un sceptique : expliquer n'est pas rendre raison, c'est établir des faits généraux, et partant de ces faits vérifier leurs effets dans les phénomènes.

Mais, nous le disions, tout principe général rencontre une limite qui est celle de sa puissance relative d'explication. En l'occurrence, ce qui vaut pour les passions directes ne vaut pas pour les passions indirectes que sont l'orgueil (*pride*) et l'humilité, et l'amour et la haine. Non que le principe d'explication qu'on s'est donné soit invalidé : même dans les passions indirectes, l'appréciation de l'objet par plaisir et douleur reste le ressort primitif ; et il n'y a pas d'objection à faire jouer le facteur de la probabilité. Mais à l'association des impressions opérant par ressemblance (la valence entre le plaisir et la douleur se retrouve dans la valence des passions : l'amour est une passion agréable comme l'est la cause qui la suscite) il faut joindre l'association des idées. L'association des idées est requise pour ces passions indirectes, il faut distinguer ce qui est leur cause et ce qui est leur objet. En effet, si l'orgueil et l'humilité, l'amour et la haine ont les mêmes causes, ils ont un objet différent : le moi pour les premiers, autrui pour les seconds. La cause efficiente reste telle ou telle propriété (par exemple, la richesse ou la vertu) qui ne manque pas de susciter l'une ou l'autre des passions directes (la richesse, quand sa présence est certaine, cause la joie) ; mais elle n'est plus la fin poursuivie, c'est le moi ou autrui qui l'est désormais. Si je m'enorgueillis de ma richesse, ma richesse est certainement la cause de mon orgueil ou de ma vanité, mais ce que je poursuis c'est la valorisation de mon moi, que ce soit à mes propres yeux ou aux yeux d'autrui. Et l'on comprend alors pourquoi les deux sortes d'association doivent opérer : il faut qu'au plaisir que cause la richesse s'associe affectivement ce plaisir particulier que cause la vanité ou la complaisance à soi, et également que l'idée de la richesse et l'idée de mon moi pratique s'associent, en l'occurrence selon cette relation causale particulière qu'est la propriété. La matrice de la passion est ainsi rendue plus complexe ; et, derechef, Hume s'empresse de la vérifier dans l'expérience ordinaire que nous avons de nos propres passions.

Cet argument est sceptique à plusieurs égards. D'abord, il va contre le sens commun qui prête spontanément aux choses des pouvoirs causaux et qui, par exemple, attribue à la beauté prise en elle-même le pouvoir de susciter l'amour. Ensuite, il ne fait pas de la causalité quelque chose de réel : la causalité n'est rien qu'un rapport dans l'esprit entre deux séries de phénomènes observés. Enfin, il renonce à l'idée que la nature soit soumise à des lois strictement nécessaires, puisque, en droit, il est toujours possible qu'un principe général soit mis en défaut. Mais il a deux avantages. D'une part, il est extrêmement économique : il donne de l'explication scientifique une analyse qui la dispense quasi de tout engagement ontologique, puisque nous n'avons pas à chercher des pouvoirs causaux qui seraient telles ou telles propriétés en exercice, lesquelles d'une façon ou d'une autre appartiendraient à telle ou telle sorte d'entités. Appelons cela le principe d'indifférence ontologique. Nous observons que certains phénomènes physiques sont liés à d'autres phénomènes physiques ; nous observons que ces mêmes phénomènes, ou d'autres, sont liés régulièrement à des phénomènes mentaux : il n'y a pas plus de difficulté à admettre ceci que cela, puisque la relation causale n'est rien que la conjonction observée entre deux séries de phénomènes.

Il en résulte ce qu'on a appelé le *naturalisme* de Hume, naturalisme qui repose sur deux choses. D'abord, le champ de l'explication, la nature, est tenu pour homogène puisqu'il n'est pas métaphysiquement diversifié. Ensuite, puisqu'on reste indifférent à la question de savoir à quel mode de causalité l'on a affaire (efficiente ou finale), l'on emploie la méthode d'explication suivante. Puisque la causalité n'est qu'une relation et que cette relation n'est pas autrement déterminée que comme une conjonction constante, c'est-à-dire une corrélation régulière que l'on peut croiser avec d'autres relations, le travail de l'explication consiste en un effort d'analyse.

De ce travail Hume nous donne une illustration exemplaire dans sa *Dissertation sur les passions*. Récapitulons-en l'argument. On part d'une observation générale qui reste inexpliquée et que l'on traitera en conséquence comme un fait premier. Certains objets causent une impression de plaisir et d'autres de douleur. Par là, l'esprit souffre une passion. Le plus qu'on puisse dire est que ces objets ont une valeur pour l'esprit que le langage entregistre : les uns sont dits *bons*, les autres *mauvais*. Ce fait premier est inexplicable et restera inexpliqué, et la définition n'est pas donnée de ce qui est bon ou mauvais : on se contente d'opposer deux mots. On dira que ce principe, par sa généralité même, n'explique rien des passions sinon que toute passion est plaisir ou douleur, et ne permet pas de les traiter dans leur différence. L'étude progresse en allant du plus simple au plus complexe. Il y a des passions qui sont purement naturelles : Hume les dit *directes*. Introduisons un facteur (une circonstance), la certitude ou l'incertitude du bien ou du mal : on croise ainsi la sensibilité aux choses avec l'attente de ces choses ; on réunit un facteur pratique et un facteur intellectuel. Le résultat peut être simple ou complexe. Simple, lorsqu'il y a certitude : l'on obtient la joie ou la tristesse. Comme l'objet qui cause la joie plaît, il sera désiré ; comme celui qui cause la tristesse est pénible, il sera fui. Quand il y a incertitude, l'on obtient l'espoir et la crainte. Mais on obtient ainsi plus que la définition de deux passions. En effet, on peut en venir à une détermination beaucoup plus fine si l'on introduit une nouvelle considération, la temporalité des relations : les relations d'idées qui permettent de mesurer la probabilité du bien ou du mal sont beaucoup plus rapides dans l'entendement que l'alternance des passions de joie et de tristesse dans la sensibilité ; d'où résultent diverses compositions possibles que l'on peut enrichir si l'on corrèle cette circonstance avec une autre circonstance : la grandeur du bien ou du mal considéré. On obtient ainsi toute la complexité de la vie affective, tous les effets de renforcement ou de contrariété des passions. L'on obtient ainsi une machinerie passionnelle, non que l'on dise, répétons-le, que la réalité de la vie passionnelle soit le mouvement mais que l'explication qu'on en donne est une composition élaborée de facteurs croisés. Un esprit romantique dira que la passion n'est pas cela, que son vécu ne saurait se réduire à une construction abstraite ; mais on ne peut nier que l'on parvienne ainsi à une étude fine des passions et des mœurs des hommes.

Une psychologie naturaliste
suffit-elle à l'explication des passions ?

L'esprit du naturalisme reste largement répandu dans les sciences contemporaines, même si ses implications sceptiques ne sont pas toujours prises en considération. Concernant les passions, on peut prendre pour exemple l'exposé didactique et quasi canonique que, récapitulant nombre de ses travaux, propose Michael Lewis, dans le *Handbook of emotions* [1]. La méthode est clairement « humienne ». On considère d'abord les phénomènes. Quelque cause ou déclencheur émotionnel (*emotional elicitor*) stimule un changement dans l'organisme. Ce déclencheur peut être externe : naturel (un raz de marée) ou social (les débordements d'une foule) ; ou il peut être interne : de nature physiologique (l'angoisse cardiaque) ou requérant une activité cognitive plus ou moins complexe (dans le cas de la honte). Ce que l'on observe ainsi, c'est la corrélation entre un stimulus et un changement corporel. À ce niveau descriptif, on peut se poser la question si cette corrélation est *one to one*, terme à terme. À quoi l'on peut répondre que dans certains cas le stimulus est présent et le changement corporel absent, et également que le même stimulus ne produit pas toujours le même changement émotionnel. Une deuxième question porte sur l'appréciation de cette corrélation : est-elle fixée par la nature et donc innée ? Est-elle une réponse de nature adaptative qui s'est formée au cours de l'évolution

---

1. M. Lewis, « The emergence of human emotion », in *The handbook of emotions*, M. Lewis, J. M. Haviland-Jones and L. Feldman Barett (eds), New York-London, The Guilford Press, 2008, p. 304-319.

(Darwin)? Est-elle le fruit du développement de l'individu ou de la transformation des sociétés?

De cette corrélation il faut chercher l'explication. La cause inférée, et donc construite, est un certain état émotionnel (*emotional state*). C'est un état défini du corps qui associe à une certaine activité neurophysiologique des changements somatiques (changements sur le visage, dans la posture ou le geste, dans la parole) et qui, pris dans son ensemble, constitue une forme active (*action pattern*). On peut penser que le vivant, étant en relation constante avec son milieu, est dans un flux émotionnel ininterrompu duquel émergent ces états émotionnels qui sont autant d'unités passagères et discrètes.

Les questions qu'on peut poser portent sur la chaîne causale. Dans quelle dépendance sont ces variations émotionnelles avec les propriétés du stimulus qui est à la source ou avec les circonstances qui l'accompagnent? Faut-il supposer pour chaque passion ou émotion des récepteurs physiologiques spécifiques? Des comportements spécifiques répondent-ils à ces récepteurs dans une correspondance terme à terme? Toute modification neurophysiologique entraîne-t-elle un schème déterminé d'action émotionnelle? Dans certains cas, faut-il faire intervenir pour cette production des processus cognitifs?

Cette sorte d'analyse est censée être homogène : les états émotionnels sont des processus intérieurs au corps; elle est aussi censée être métaphysiquement neutre. Si des facteurs cognitifs interviennent, c'est au même titre que tout autre facteur : le champ causal est en lui-même traité de manière indifférenciée. Les changements internes au corps ou au cerveau sont exprimés dans des expressions faciales, langagières, dans des postures, dans des gestes, etc. Mais la relation entre les deux s'avère variable et trop vague pour qu'on puisse inférer par une correspondance terme à terme les premiers à partir des seconds. Cette expressivité peut en effet être fonction du développement de l'individu ou du jeu des normes sociales. On ne saurait donc se reposer sur elles solidement.

Il faut enfin introduire la dimension proprement mentale de l'expérience émotionnelle qui consiste dans l'interprétation et l'évaluation par l'individu de ce qu'il vit : sa situation, ses états émotionnels, ses expressions émotionnelles. Cette composante émotionnelle n'est pas traitée comme un élément déterminant du processus de l'émotion : les degrés de conscience varient (on ne peut exclure la possibilité d'une *unconscious awareness*, d'une sorte d'attention ou de présence vécue aux états émotionnels, qui ne se développerait pas en une conscience claire, a fortiori en un acte réfléchi d'interprétation ou d'évaluation). En outre, la correspondance entre les états émotionnels et les expériences émotionnelles conscientes n'a rien de strict. Et chacun sait qu'il peut se tromper sur la passion qui l'habite. L'expérience émotionnelle peut certes se développer en une conscience de soi réflexive, mais elle est plus souvent et plus ordinairement une simple *awareness*, une conscience sensible, une attention à ce qui se passe en soi, mais en prenant le mot *attention* au sens du mot anglais : *ce qui va avec, ce qui assiste à*. L'émergence de la conscience n'est que le dernier moment et le moment phénoménal et subjectif de l'émergence de la passion, de cet état émotionnel interne et corporel qui est la réponse la plus simple de l'individu vivant à son environnement.

De cette sorte d'analyse naturaliste, qui dans son contenu n'est pas sans évoquer l'argument de Hobbes, l'intentionnalité est absente. Certes, des facteurs supposant une activité cognitive peuvent intervenir parmi d'autres. Par exemple, les théories sociologiques prennent en compte dans la formation des passions le contexte social, lequel exerce son influence sur l'esprit par la représentation que l'individu se fait, notamment, de la valeur attachée aux déclencheurs passionnels ou aux expressions passionnelles elles-mêmes. On ne mettra plus aujourd'hui sa vanité dans un ruban ; on se complaît comme toujours à se montrer, mais bien plutôt dans une expression libre que dans une composition asservie au regard d'autrui ; etc. Mais, nous le disions, ces facteurs sont traités sur le même pied que les facteurs somatiques. Toutefois, pour ignorer l'intentionnalité, il faut avoir accompli une opération dont William James fut, non pas historiquement l'initiateur, mais le promoteur reconnu, dans sa théorie des émotions[1].

James conserve le schéma général de la chaîne passionnelle, mais avec une modification majeure. Il maintient le moment mental initial : la perception de l'objet stimulant, sorte de condition de tout le procès. Mais plutôt que de dire que cette perception mentale cause cette affection mentale qu'est l'émotion et que cet événement mental est à son tour la cause de l'expression corporelle de la passion, de sorte que le ressort de l'opération passionnelle serait proprement mental, il affirme que les changements corporels (dans lesquels s'exprime la passion) suivent directement de la perception du fait qui est à la source de la stimulation, et que la perception de ces changements tels qu'ils surviennent est ce qu'on nomme l'émotion. Nous éprouvons du chagrin parce que nous pleurons ; nous ne pleurons pas parce que nous éprouvons du chagrin. Le ressort actif de la passion est bien localisé dans l'effet corporel. Certes, il faut, selon James, la perception de l'objet et la perception est un acte mental. Mais c'est une réception de la part de l'esprit. Il n'y a pas d'acte « actif » comme le

1. William James, *The principles of psychology* (1890), chap. 24 ; trad. fr. G. Dumas, *La théorie de l'émotion*, Paris, Alcan, 1903 ; repr. dans *Les émotions*, S. Nicolas (dir.), Paris, l'Harmattan, 2006.

serait le désir lorsque l'esprit, se représentant l'objet, se porterait intentionnellement vers lui. La machinerie somatique n'est qu'un trait d'union entre les arrangements déterminés de la matière hors du corps et les réponses diverses de notre corps. L'objet extérieur, et d'une manière générale l'environnement du corps, causent dans celui-ci une série continue de changements qui se terminent dans des expressions du visage, dans des réactions du système nerveux, dans une modification du rythme cardiaque, dans des contractions musculaires, lesquelles aboutissent à des mouvements. Alors qu'il est commun de placer le moment mental au milieu de cette série de changements corporels et de faire des derniers une réponse à l'émotion, l'on tient que l'émotion, expérience vécue elle-même, sensation des modifications corporelles, n'est pas la source de la réponse mais la perception de la réponse que donne le corps dans ses opérations. Ce ne sont pas les différentes modifications corporelles qui sont l'expression de l'émotion, c'est l'émotion qui est l'expression de ces modifications corporelles.

Ainsi, l'esprit n'intervient qu'au terme de la série des modifications corporelles (la sensation de ces modifications), ce qui est une façon de revenir à la thèse de Hobbes du mental comme apparition. Cette perception sensible, étant un effet, ne joue aucun rôle. Toutefois, un point reste obscur. James parle de perception de l'objet, mais il rapporte les modifications organiques que sont les diverses expressions de la passion à des processus physiologiques internes, eux-mêmes causés par l'excitation venue de l'objet et de nature réflexe. Or la perception initiale du stimulus ne comporte-t-elle pas plus que cela, à savoir une appréciation de l'objet, d'abord par plaisir et douleur, ensuite par une évaluation par le sujet de sa situation dans le monde, enfin par tout un jeu d'habitudes et de croyances ?

Plusieurs théories contemporaines s'appuyant sur le concept d'*affect programs* (programmes affectifs) s'efforcent de traiter ce point obscur. Elles se placent dans un horizon darwinien retenant de l'auteur de *L'origine des espèces* à la fois le rôle accordé aux émotions dans le processus de l'évolution et le besoin d'une analyse fine des expressions émotionnelles (faciales, et autres). D'autre part, elles s'opposent, du moins pour les émotions de base, aux théories qui accordent une place aux fonctions cognitives dans la production d'une émotion. Ainsi, Paul Eckman [1] fait-il reposer la production de l'émotion sur la liaison *directe* de deux mécanismes distincts : d'une part, un mécanisme d'appréciation qui est spécifique à chaque émotion et évalue automatiquement le stimulus et, d'autre part, un certain programme affectif propre aux émotions de base : chacune se traduit de manière systématique dans un « programme » de changements corporels déterminés qui sont de nature faciale, musculaire, vocale, hormonale et nerveuse. Le mécanisme d'appréciation qui s'attache aux stimuli déclenchant l'activation du programme affectif opère de manière automatique et sélective : c'est un mécanisme dont le sujet qui éprouve l'émotion n'a pas de connaissance et sur lequel il n'a aucun pouvoir. La preuve en est ces écarts que l'on peut aisément constater entre les réponses émotionnelles et les évaluations conscientes et réfléchies de l'importance des stimuli. Ainsi, il n'y aurait même pas lieu de parler d'une perception de type émotionnel de l'objet qui instruirait le sujet que, par exemple, le ciel est *menaçant* (à distinguer des perceptions de type cognitif : le ciel est *noir*). C'est l'émotion elle-même qui est cette perception en étant l'expression mentale du programme affectif. Bref, il

---

1. Paul Ekman, « An argument for basic emotions », *Cognition and Emotion*, 1992/6, p. 169–200.

faut une appréciation de l'objet comme étant un bien ou mal, comme le dirait Hume, mais cette appréciation est prise en charge par le mécanisme corporel et elle ne doit rien à une quelconque activité de conscience. De plus, ajoute Griffiths [1] qui reprend Eckman, ce mécanisme est si étroitement lié au programme affectif qu'ils ne forment qu'un unique module, automatique, spécifique et impénétrable au sujet [2], lequel module résulte de formes typiques d'interaction entre les différents systèmes corporels en jeu. La seule question pendante est de savoir si ce module est inné, s'il est le résultat, chez les espèces supérieures, du stockage des modules déjà mis à l'épreuve chez les espèces qui les ont précédées ou si, comme l'accorde Griffiths, on peut lui attribuer une aptitude à l'apprentissage. Ni Eckman ni Griffiths, qui sont ainsi plus clairs que James mais qui disent la même chose que lui en des termes plus élaborés, n'excluent par ailleurs qu'il puisse y avoir des émotions à fondements cognitifs : il ne s'agit ici que des émotions immédiatement attachées à la vie pour la servir par leur rôle adaptatif.

James n'exclut pas l'émotion comme expérience de l'esprit : elle est le ressenti des modifications corporelles. Griffiths conclut son ouvrage en écartant le concept d'émotion comme étant dépourvu de validité scientifique, afin de laisser place aux deux catégories distinctes des « affect program emotions » et des « higher cognitive emotions » qui ne servent pas les mêmes fonctions : certes, le langage usuel rend le mot inévitable, mais il ne dit rien d'une expérience de vie originale

---

1. Paul E. Griffiths, *What emotions really are, The problem of Psychological categories*, Chicago and London, The University of Chicago Press, 1997, notamment 1re partie, chap. 4.

2. Modules, au sens de Fodor. Voir I. J. Fodor, *Modularity of mind : An essay on faculty psychology*. Cambridge, MA, MIT Press, 1983 ; trad. fr. A. Gerschenfeld, *La modularité de l'esprit*, Paris, Minuit, 1986.

qui serait l'émotion : « Le concept d'émotion, comme le concept de spiritualité, ne peut être qu'une entrave »[1].

Devrait-on revenir à Thomas d'Aquin ? On ne peut se retenir du sentiment que l'émotion est bien une conduite caractéristique aisément identifiée par le sens commun, que dans la conduite émotive est donnée une valeur à l'objet (l'objet est attractif ou menaçant, la conscience s'y complaît ou elle s'en désole, etc.), valeur qui se distingue de ses propriétés objectives (sa forme, sa couleur, sa solidité, etc.) et qu'invoquer pour rendre compte de cette dimension axiologique un mécanisme d'appréciation spontané et impénétrable à la conscience est plus une manière de dire la difficulté que de la résoudre. Comment traiter ce point de l'appréciation, de l'évaluation ? Thomas, on l'a vu, résolvait d'emblée le problème en inscrivant son traitement des passions dans la problématique axiologique de la béatitude et du bien suprême.

Passion et intentionnalité

Reprenons en revenant aux toutes premières lignes de la *Dissertation* de Hume. Certains objets produisent immédiatement (c'est le thème récurrent de la rapidité de l'émotion) une sensation agréable, et cela est dû au fonctionnement de nos organes (le module corporel). Et nous disons alors qu'ils sont *bons*. Cela permet à Hume de développer une analyse qui a bien une dimension axiologique, mais il est facile d'observer qu'il ne dit pas si cette sensation est la sensation de l'objet ou la sensation du corps affecté, et il peut paraître assez léger d'abandonner au langage la valorisation de l'objet. William James tranche le premier point en faisant de l'émotion la sensation des transformations

---

1. Paul E. Griffiths, *What emotions really are, op. cit.*, p. 247.

corporelles, mais ne dit pas en quoi cette sensation peut porter l'évaluation de l'objet. On pourrait répondre, tout en se reposant sur la thèse de James qui fait l'économie d'un moment intentionnel placé entre la perception et l'émotion, que percevant les manifestations du corps propre (le programme affectif) l'esprit attribue une valeur déterminée à l'objet, faisant des manifestations corporelles le signe de la propriété axiologique de l'objet : je me trouve nez à nez devant un ours, mon corps est saisi de tremblements, ma respiration s'accélère, je prends conscience de ce qui se passe en moi et je tiens ce qui se passe en moi pour le signe de la dangerosité de l'ours. Il est facile de faire objection à un tel argument. D'abord, il faut supposer deux réalités perçues, l'ours et le désordre du corps, deux perceptions qui n'ont rien d'axiologique par elles-mêmes. Ensuite, il faut supposer dans l'esprit une sorte de spectateur de soi-même : même si on n'en fait pas l'auteur d'un jugement, on lui confère cependant une conscience de signe, et une conscience de signe est le modèle, depuis Husserl, de la conscience intentionnelle ; enfin, l'appréciation est le résultat du processus, alors que le sens commun la met à la source : c'est parce que je perçois l'ours comme une menace que je tremble et que je respire difficilement.

Je ne peux nier que, lorsque j'ai peur, j'ai conscience de mes réactions corporelles (j'essaie de dominer mon tremblement, de respirer plus calmement), mais mon attention est d'abord tournée vers l'objet, vers l'ours dont j'observe les mouvements et que je perçois comme une menace. Je perçois l'ours (il est brun, c'est un mâle, il avance) et en même temps je *sens* mon corps et cette sensation est une sorte de veille qui ne se relâche pas, veille qui est une forme de conscience de soi mais face à l'ours. Je peux d'ailleurs toujours faire de ce qui se passe dans mon corps l'objet de ma conscience, ce que je me garderai de faire en l'occurrence tant j'ai l'esprit occupé par la présence de l'ours. Mais encore une fois, si forte que soit l'attention que je porte à l'ours qui est un objet extérieur, ma veille corporelle qui se traduit par le tremblement de mes membres, l'accélération de ma respiration, etc., reste active. D'où vient que je perçoive l'ours comme une menace et qu'ainsi je lui accorde une valeur? D'où vient ce rapport intentionnel proprement axiologique? Deux solutions sont possibles.

La première [1], restant fidèle sur ce point à James, et prenant pour modèle analogique ce qui se passe dans le toucher où la perception de la dureté ou de la rugosité, qualités désagréables, de l'objet est indissociable du toucher lui-même, du *feeling*, de l'épreuve corporelle – la première, dis-je, attache cette intentionnalité axiologique au *feeling* corporel lui-même, constant ou variant dynamiquement, quoiqu'il ne soit pas au centre de la perception, occupée qu'elle est par l'objet. « Appréhender [l'ours] comme un danger, c'est l'appréhender comme demandant une certaine réponse, qui constitue l'émotion, et qui dans le cas présent doit être de l'ordre de la neutralisation. Or, qu'est-ce que la phénoménologie naïve de la peur si ce n'est le corps mobilisé en vue d'une telle neutralisation, que ce soit la préparation à la fuite ou à l'attaque préventive » [2]. C'est la mobilisation du corps qui présente l'objet comme dangereux. La nature de cette sensation du corps est affective, elle n'est pas cognitive (elle peut le devenir assurément).

---

1. Elle est proposée par Julien A. Deonna et Fabrice Teroni, dans leur petit ouvrage *Qu'est-ce qu'une émotion?*, Paris, Vrin, 2008, p. 76-82, ouvrage qui présente par ailleurs les grandes théories contemporaines de l'émotion.

2. *Ibid.*, p. 79.

L'autre solution est celle de Sartre dans l'*Esquisse d'une théorie des émotions*[1]. Elle consiste non seulement à réintroduire au centre du schéma de James la conscience intentionnelle (Sartre commence par faire la critique de la théorie périphérique du philosophe américain) et à revendiquer une méthode d'analyse originale, l'analyse phénoménologique de Husserl, dont l'acte méthodique premier est la réduction de toute forme de naturalisme. On ne saurait faire l'économie de la finalité : la conduite émotionnelle n'est nullement un désordre : c'est « un système organisé de moyens qui visent une fin »[2]. Et l'on sait la thèse célèbre de Sartre : la conduite passionnelle est appelée pour masquer ou remplacer une conduite qu'on ne peut ni ne veut tenir. Ainsi, devant l'ours, la peur est cette conduite qui me cloue sur place face à l'animal en donnant des signes de panique et si je m'évanouis, ce qui n'est évidemment pas la meilleure réponse à la situation, c'est faute d'une réponse plus rationnelle et plus efficace (je ne sais comment réagir face à un ours et je n'ai pas de fusil). Cette conduite est intentionnelle, non pas au sens où elle serait volontaire (ma volonté est inhibée) ni au sens où elle serait un acte réfléchi. Loin qu'elle appréhende ce qui se passe dans le corps propre ou dans le Soi, elle est une manière irréfléchie, certes inadaptée, d'appréhender le monde. L'émotion ou la passion transforme le monde sur un mode magique ou incantatoire. Et c'est en cela qu'elle est axiologique et qu'elle donne valeur à l'objet qui est dans le monde. Faute de pouvoir transformer l'objet, la conscience spontanément se transforme elle-même. Ainsi, la peur est-elle une conduite d'évasion. Je supprime l'objet de ma peur en supprimant, si je m'évanouis,

---

1. Sartre, *Esquisse d'une théorie des émotions*, Paris, Livre de poche, 2000.

2. *Ibid.*, p. 25.

la conscience que j'en ai. Ou encore : « la joie est une conduite magique qui tend à réaliser par incantation la possession de l'objet désiré comme totalité instantanée »[1]. La conduite émotionnelle est bien la conséquence d'un acte intentionnel, tout irréfléchi et involontaire qu'il soit. Et dans l'émotion la conscience devient prisonnière du monde qu'elle s'est créé. Et, par là, Sartre réintroduit la dimension somatique de la passion : je continue de trembler, mes mains sont glacées ; il y a bien un bouleversement organique qui fait le sérieux de la passion (ce n'est qu'au théâtre qu'on mime la passion). « La conscience ne se borne pas à projeter des significations affectives sur le monde qui l'entoure : elle vit le monde nouveau qu'elle vient de constituer »[2]. Et l'on vit le monde avec son corps. « Ainsi l'origine de l'émotion c'est une dégradation spontanée et vécue de la conscience en face du monde… Et le bouleversement du corps n'est rien autre que la croyance vécue de la conscience, en tant qu'elle est vue de l'extérieur »[3].

1. Sartre, *Esquisse d'une théorie des émotions, op. cit.*, p. 47.
2. *Ibid.*, p. 51.
3. *Ibid.*, p. 62.

LE SYSTÈME DES PASSIONS

Construire un système des passions

Il nous faut reconnaître et distinguer les unes des autres nos passions. Notre propre principe vital nous est obscur; mais il s'exprime dans ce cours passionnel, et en discerner les diverses expressions, en apprécier la force ou la faiblesse, est une chose qui est à notre portée. Les directeurs de conscience, autrefois, le savaient; nos psychologues pensent, aujourd'hui, nous le faire découvrir : il faut commencer par introduire de la clarté et de la distinction pour combattre les égarements auxquels les passions peuvent nous conduire. Et le meilleur moyen pour apprendre à les maîtriser est de les disposer en un système.

Nombre de traités présentent un tel *système*. Cet effort de construction et de figuration tient à la nécessité à la fois théorique et morale de distinguer les passions comme autant d'unités discrètes et, distinction faite, d'en déterminer les liaisons ou d'en relever les contrariétés. C'est une chose que de définir ce qu'est *la* passion, c'en est une autre d'appréhender *les* passions dans leur diversité. Depuis Aristote qui comprenait l'étude de l'âme dans l'étude de la nature, une des premières tâches du « physicien » est d'ordonner toute la matière qui s'offre à sa connaissance. Les passions sont à ce titre des phénomènes de la nature ; mais, en tant que telles, elles sont solidaires de l'ensemble des facultés de l'âme [1] et on ne saurait éviter de les rapprocher des humeurs et des tempéraments du corps [2], sinon de les traiter comme des maladies de l'âme [3]. Or l'on sait que la question de la systématique est née dans l'horizon médical, qu'elle est devenue la question de la méthode et qu'elle a donné lieu à un conflit récurrent entre les *empiriques* et les *rationnels*. Dans la connaissance des maladies et dans l'enseignement médical, faut-il suivre les *empiriques* qui s'efforcent de tirer du divers des phénomènes l'ordre, le système, ou faut-il avec les *rationnels* commencer par poser le principe systématique à partir duquel on retrouvera en les ordonnant l'ensemble des phénomènes donnés dans l'observation et l'expérimentation ?

La construction d'un système relève de la méthode rationnelle. Cette méthode va traditionnellement du principe aux conséquences, du général au particulier, du simple au complexe, et lorsque cet ordre est de causalité elle prend la forme d'une généalogie, ce qu'on nommait au XVIIIe siècle une *histoire naturelle*. Ce caractère de construction, très conscient chez les auteurs, fait que l'image de la machine est souvent associée à l'entreprise. Ainsi Hume conclut-il, après bien d'autres, sa dissertation en affirmant qu'elle prouve que « dans la production et la conduite des passions il y a un certain mécanisme qui est régulier et qui est susceptible d'un

---

1. Un bon exemple nous est fourni par l'*Essai analytique* de Charles Bonnet qui, étant lui-même un naturaliste, déclare : « J'ai donc consulté la nature. Elle ne demande qu'à être interrogée ; je l'ai interrogée à la manière du physicien ». (*op. cit.*, p. XI).

2. Un des traités de Galien porte le titre : *Que les mœurs de l'âme sont la conséquence des tempéraments du corps.*

3. Platon, *Timée*, 86b *sq.*

examen aussi précis que les lois du mouvement, de l'optique, de l'hydrostatique ou de toute autre partie de la philosophie naturelle ». Avant la révolution romantique, la passion est ainsi un objet naturel qui n'est pas directement traité comme un vécu subjectif.

La construction d'un système ne procède pas par une induction qui serait menée à partir du champ empirique. Il se propose par déduction de retrouver ce champ empirique. Il faut certes se donner au départ un domaine de phénomènes, mais ce peut être d'une manière vague et confuse : chacun a fait l'expérience de la passion, chacun sait lire les différentes expressions de l'amour chez ses semblables ou de la colère en lui-même, et chacun s'en rapporte aux distinctions véhiculées par l'usage de la langue.

Mais pour construire un système il faut se donner un principe. Ce principe, c'est ici la définition générative de *la* passion elle-même : *les* passions illustrent le jeu des facteurs qui entrent successivement dans cette définition et elles sont susceptibles d'en représenter le degré de composition. Par exemple, soit un bien : s'il est présent ou représenté tel, il suscite la joie, s'il est absent ou s'il est représenté tel, il suscite le désir. Mais, si au désir on ajoute l'opinion qu'on atteindra l'objet, on obtient l'espoir. Si cette opinion est constante, on obtient l'assurance de soi, etc.

Ce mode de composition soulève une question d'importance. Le système a pour fonction de distinguer les différentes passions en autant d'unités discrètes et de proposer pour chacune une définition propre. Mais si la définition de chacune est déduite de la définition générative de la passion en général, faut-il tenir leur différence pour une différence de nature ou pour une différence qui n'est que verbale et qui se borne à enregistrer le degré relatif de composition ? Par exemple, l'amour et la haine sont-ils la même passion, la haine n'étant qu'un amour déçu ? La haine et la colère sont-elles la même passion, la colère n'étant qu'une haine impuissante ? D'une manière générale, faut-il conclure que *la* passion, qui est à la fois réception et action, constitue le mode premier de la présence du vivant à son milieu, ce mode variant en passions distinctes selon différents déterminants : les changements du milieu, la nature des objets qui font sentir leur effet, le type de rapport, ou encore les conditions psychologiques, sociales, morales qui s'ajoutent aux opérations de la nature ? Accepter cette conclusion serait juger que *les* passions ne disent dans leur diversité que les différentes circonstances accompagnant une même et unique effort d'adaptation de la Vie en tout vivant, effort tantôt couronné de succès tantôt déçu.

Dans la construction du système, plusieurs paramètres sont à considérer.

1) Le premier est celui du point de départ de la chaîne : l'on n'obtient pas le même résultat selon qu'on part du stimulus (ou de l'agent) ou qu'on part du plaisir et de la douleur sentis. Dans le premier cas, on place à l'origine du processus de la passion la cause physique et ses effets sur la sensibilité, ce qui tirera celle-ci du côté de l'organisation physique et physiologique du corps vivant ; dans le second cas, le discours part de l'objet valorisé comme étant bon ou mauvais, induisant ainsi une économie générale du bien où la sensibilité sera clairement reconnue comme étant une perception de l'âme. Mais on peut se donner encore un autre point de départ, par exemple chez Sartre, la conscience irréfléchie, traitée comme un certain mode d'intentionnalité qui est dit magique, ce qui conduit à se dispenser d'aborder le soubassement somatique et physiologique de la passion et à définir l'essence des passions en des termes purement phénoménologiques.

2) Un deuxième paramètre à considérer est celui de l'ordre dans lequel sont introduits les différents facteurs, le résultat

de la composition d'ensemble s'en trouvant modifié. Ainsi, chez Thomas d'Aquin, le facteur premier étant le plaisir ou la volupté, il s'ensuit immédiatement que toutes les passions, quelles qu'elles soient, sont concupiscibles, et que le facteur de la facilité ou de la difficulté n'intervient qu'en second, se joignant au premier pour donner les passions irascibles. D'une manière générale, quelle passion placer en premier ? Descartes ayant fait de la question du rapport de l'âme et du corps le fond du traitement des passions, on comprend bien qu'il fasse de l'admiration ou de la surprise la première des passions. Mais en même temps il distingue plusieurs ordres : l'ordre du système proprement dit, l'ordre quant à l'usage des passions et l'ordre quant à leur apparition.

3) Même les systèmes matérialistes ne peuvent ignorer la question de la valence des passions. Chaque passion semble avoir son contraire : l'amour et la haine, l'orgueil et l'humilité, l'espoir et le désespoir, etc. Toutefois peut-il se trouver une passion qui n'ait pas son contraire ? On sait que Thomas d'Aquin fait de la colère une passion sans contraire parce qu'elle est une passion composée, et que Descartes, rejetant expressément la distinction entre le concupiscible et l'irascible pour ne pas attenter à la simplicité de l'âme (art. 47 et 68), fait de l'admiration une passion sans contraire parce qu'elle est la passion la plus simple. De même en va-t-il chez lui du désir car « c'est toujours un même mouvement qui porte à la recherche du bien et ensemble à la fuite du mal qui lui est contraire » (art. 87). Ce thème de la valence de la passion peut se conjuguer de deux façons : il peut signifier l'application du critère d'adaptation de la sélection naturelle des espèces ou, dans une économie générale de l'usage des passions relativement au bien, il peut représenter cette sanction discriminante qu'est l'utile (ou le nuisible). Descartes conjugue ces deux points de vue de la nature et de la raison : « L'usage

de toutes les passions consiste en cela seul qu'elles disposent l'âme à vouloir les choses que la nature dicte nous être utiles » (art. 52). Et chez cet auteur le principe d'utilité commande l'ordre et le dénombrement des passions : les objets ne produisent pas les passions en raison de la diversité qui est en eux, « mais seulement à raison des diverses façons qu'ils nous peuvent nuire ou profiter, ou bien en général être importants… C'est pourquoi afin de les dénombrer, il faut seulement examiner par ordre en combien de diverses passions qui nous importent nos sens peuvent être mus par leurs objets » (art. 52). Notons enfin que par là le système dans son ensemble se trouve finalisé, soit sur le mode de la spontanéité (le jeu naturel des passions a pour fin naturelle la conservation de l'individu et de l'espèce) soit sur le mode moral de la représentation raisonnée (toutes les passions n'ont pas la même valeur en regard de la sagesse).

3) Tout système tend à se conserver et à préserver son unité. En ce sens, il jouit d'une finalité interne. Or le système des passions est un système pratique. Faut-il en conséquence attribuer à ce système une finalité qui aille au-delà de sa seule fonctionnalité logique et méthodologique et qui soit tenue comme une finalité réelle ? Toutes les théories post-darwiniennes donnent la seconde réponse, eu égard à cette fin générale qu'est l'adaptation par la sélection. De même la tradition thomiste puisque l'analyse des passions est encadrée par une réflexion sur la béatitude ce qui permet de les faire entrer, à titre de soutien ou d'empêchement, dans le système final du Bien.

4) Une autre question majeure est la question récurrente de la distinction entre les passions premières et les passions secondes ou dérivées. C'est un moyen de combattre une approche purement nominaliste où, à chaque fois qu'on introduirait une nouvelle circonstance, on donnerait le nom

d'une nouvelle passion. Le principe en est assez simple : les passions primitives qui se tirent directement du procès génératif de la passion servent de matrice aux passions dérivées qui sont alors définies à la lumière de quelque circonstance externe. La question n'est pas que logique : il y va de la dynamique des passions, qu'on les traite naturellement ou moralement.

Le nombre des passions primitives varie selon les auteurs ; mais le noyau reste à peu près le même.

5) Un dernier facteur à considérer est celui de l'intensité. Il est commun aujourd'hui de valoriser la force émotionnelle d'une passion, sinon de la légitimer par sa seule intensité. Et ce facteur joue un rôle important dans le rapport à établir entre les passions et la raison. Hume lui-même, après Malebranche, Hutcheson, Butler et d'autres, distingue entre les passions violentes et les passions calmes et fait de la raison une passion calme (p. 77).

Nous présentons ci-dessous, dans l'ordre chronologique, le système, figuré par nos soins, qu'on trouve chez plusieurs des auteurs dont nous avons traité.

Thomas d'Aquin *(*Somme théologique*)*

Le système présente onze passions primitives. Le cadre général est celui de la béatitude, répondant au principe général que l'âme ne saurait se tourner que vers son propre bien. Ce principe vaut non seulement pour la partie rationnelle de l'âme (la volonté qui n'est pas une passion), mais aussi pour les deux parties irrationnelles. En effet, se souvenant de la tripartition platonicienne de l'âme, Thomas distingue entre les deux chevaux de l'attelage : les passions simples (l'amour, le désir des biens sensibles) et les passions qui prennent en compte la force d'élan, le θυμός platonicien, et qui culminent dans la colère. La passion est non seulement mouvement spontané, désir aveugle, mais elle est aussi emportement. Mais c'est dans son emportement qu'elle intéresse la faculté rationnelle puisqu'elle introduit une appréciation portant sur l'accessibilité du bien.

Les deux paramètres croisés sont ainsi le mouvement, soit en exercice soit ayant atteint son terme dans le repos, distinction qui exprime la dynamique fondamentale de la passion, et le degré plus ou moins élevé de difficulté des conditions du mouvement.

Toutes les passions trouvent leur accomplissement dans la joie et la tristesse, le mouvement s'accomplissant dans le repos.

	Accès simple (passions concupiscibles)	Accès difficile (passions irascibles)
mouvement (le bien recherché)	AMOUR / HAINE + mouvement ver le lieu propre : DÉSIR / AVERSION	ESPOIR / DÉSESPOIR (bien non encore atteint) CRAINTE / AUDACE (mal non encore atteint) COLÈRE (mal présent)
Repos (le bien atteint)	JOIE /TRISTESSE	JOIE /TRISTESSE

*Descartes (*les passions de l'âme*)*

Le système présente six passions simples et primitives (art. 59).

Le refus par Descartes de la distinction entre le concupiscible et l'irascible fait disparaître le paramètre de la difficulté de l'accès ou de l'acquisition, ainsi que la place accordée à la colère. En revanche, la distinction entre le terme atteint et le terme non atteint est reprise sous le biais de la dimension temporelle.

Le tableau ci-dessous récapitule la matrice de la passion, et l'on y a reporté à la fois l'opération corporelle et l'action de l'âme qui correspondent à chacune des passions. L'opération du corps est de nature homogène et consiste en une agitation des esprits animaux : c'est une certaine suite de mouvements. La diversité réelle des passions est donc à imputer à l'action de l'âme.

Dimension temporelle	corps	âme	passion
Événement instantané (non évalué)	Mouvement des esprits vers l'endroit du cerveau où ils peuvent fortifier la vie animale. Conservation par les muscles de la situation dans laquelle se trouve l'organe	Surprise ou étonnement	ADMIRATION (sans contraire)
Présence réelle (ou comme réelle) d'une chose évaluée comme un *bien*	Mouvement des esprits qui incite l'âme à se joindre aux objets qui lui paraissent convenables	Consentement de l'âme qui se représente la chose comme bonne et aimable, et se considère dès à présent comme jointe à elle	AMOUR

...

Présence réelle (ou comme réelle) d'une chose évaluée comme un mal	Mouvement des esprits qui incite l'âme à se séparer des objets qui lui paraissent nuisibles	L'âme se considère comme un tout entièrement séparé de la chose pour laquelle elle a de l'aversion	HAINE
Présence future (bien à venir ou conservation à l'avenir d'un bien présent)	Mouvement des esprits	Agitation de l'âme par les esprits qui la disposent à vouloir pour l'avenir les choses qu'elle se représente comme convenables	DÉSIR (sans contraire)
Possession présente du bien	Mouvement dans les nerfs potentiellement nuisible, n'était la force de résistance du corps ou sa bonne disposition ; mouvement duquel résulte une impression dans le cerveau	Jouissance du bien que les impressions lui représentent comme sien	JOIE
Incommodité d'un mal présent ou du défaut d'un bien	Quelque action violente qui offense les nerfs : dommage et faiblesse du corps	Langueur d'un mal que les impressions lui représentent comme sien	TRISTESSE

Replacée dans la perspective finale de l'appréciation du caractère utile ou nuisible de l'objet, la liste de ces passions primitives se détaille de la manière suivante, ce qui permet d'introduire les passions dérivées (art. 53 *sq.*) :

— Objet non évalué (et donc sans contraire) : ADMIRATION.

— Si grandeur de l'objet : ESTIME

– Si bassesse de l'objet : MÉPRIS
– Si relatif à nous-mêmes : MAGNANIMITÉ GÉNÉROSITÉ
    HUMILITÉ / BASSESSE
– Si libre : VÉNÉRATION / DÉDAIN

— Objet évalué (bien ou mal) :
    la chose est *représentée* bonne ou convenable : AMOUR
    la chose est *représentée* mauvaise ou nuisible : HAINE

— Objet évalué + facteur temps :
    – Considération d'un bien à venir, concernant un bien
        qu'on n'a pas ou dont on souhaite la conservation :
        DÉSIR
    – Considération d'un mal à venir :
        incertitude favorable : ESPÉRANCE (si très forte :
            ASSURANCE)
        incertitude défavorable : CRAINTE
        si relative à autrui : JALOUSIE
        si très forte : DÉSESPOIR
        si modérée (moyens incertains) :
            IRRÉSOLUTION COURAGE
            HARDIESSE ÉMULATION
            LÂCHETÉ ÉPOUVANTE
    – Considération du passé : REMORDS
    – Considération du bien (ou du mal) présent :
        représenté comme nous appartenant : JOIE ou
            TRISTESSE
        représenté comme appartenant à autrui :
            MOQUERIE, ENVIE, PITIÉ, et, par adjonction
            d'autres circonstances, SATISFACTION DE
            SOI, REPENTIR, FAVEUR et RECONNAISSANCE,
            INDIGNATION et COLÈRE, GLOIRE et HONTE,
            REGRET, DÉGOUT, ALLÉGRESSE

Quant à l'ordre d'apparition des passions primitives, réglé
par « l'institution de la nature » pour inciter l'âme « à consentir

et contribuer aux actions qui peuvent servir à conserver le corps, ou à le rendre en quelque façon plus parfait », il est le suivant (art. 137), la tristesse et la joie étant posées premières :

L'âme, avertie par le sentiment de la douleur des choses qui nuisent au corps, en éprouve de la tristesse, puis éprouve de la haine pour l'objet qui en est la cause et entretient alors le désir de s'en délivrer. Quand elle est avertie par le sentiment du plaisir des choses qui sont utiles au corps, elle en éprouve de la joie, puis éprouve de l'amour pour l'objet qui en est la cause et enfin le désir de l'acquérir.

*Hobbes (*Léviathan, *chap.* VI*).*

On suppose l'action d'un objet. Cet objet étant représenté dans l'imagination (la faculté de représentation qui est une trace mnénique) sur le mode de la présence ou de l'absence, la passion est définie comme un mouvement du corps. Ce mouvement peut être effectif : je marche vers l'objet, je tends la main vers l'objet ; ou il peut être réduit à de petites sollicitations, à de petits efforts (à titre de *conatus*) qui, cumulés, peuvent susciter le mouvement effectif : Phèdre est poussée par sa passion vers Hippolyte, mais elle se retient d'abord de l'approcher puis se porte vers lui rendant sa passion sans équivoque. Le mouvement vers est *appelé* désir ou amour et l'objet est *dit* bon : le passage du physique au mental est une affaire de langage. Nous ne sommes pas ordinairement conscients des petits mouvements, des petits efforts qui nous animent ; nous sommes certainement conscients de désirer ou d'aimer ; mais il n'y a pas plus ici que là, sinon un changement de noms. La seule chose qui semble n'appartenir qu'à l'âme, c'est le plaisir (ou la douleur) qui, d'abord sensible, est le phénomène mental du mouvement corporel. Le plaisir est une sensation, la sensation de ce qui est bon. Il peut se présenter dans la jouissance consommée mais il a partie liée à la représentation de l'objet bon : la joie est le plaisir dans l'attente de l'objet bon.

faculté	Mouvement du corps	phénomène sensible	passion	prédicat
Représentation, dans l'imagination, de l'objet qui peut être soit généralement présent soit absent	Mouvement vers… qui est soit naturel (appétit de nourriture) soit instruit par l'expérience	PLAISIR (sensation de ce qui est bon et renforce le mouvement vital) qui est soit sensible, si l'objet présent, soit mental quand né de l'attente : JOIE	DÉSIR ou AMOUR Quand l'effort tend à nous rapprocher de l'objet	*Bon* – Prometteur par son aspect : *pulchrum* (beau, aimable) – Bon effectif, dans la fin désirée : *jucundum* (agréable) – Bon en tant que moyen : *utile*, (utile, avantageux)
	OU			
	Retrait de…	DÉPLAISIR (incommodité) (ce qui gêne le mouvement vital) soit sensible (douleur) soit en attente des conséquences : CHAGRIN	AVERSION ou HAINE Quand l'effort tend à nous éloigner de l'objet	*Mauvais* : – *Turpe* (laid, vilain) – *Molestum* (déplaisant) – *inutile* (désavantageux, nuisible)
	État neutre		DÉDAIN	*Sans valeur*

Il apparaît clairement qu'il n'y a qu'une seule passion (le désir ou l'amour) ou son contraire (l'aversion ou la haine) qui est un mouvement vers ou un retrait de et que toute la diversité des passions ne tient qu'aux circonstances qui accompagnent l'effet. Dans le *De homine*, Hobbes dit qu'il y a autant de passions que de mots pour les dénoter.

À titre d'exemple :

Appétit

— avec l'opinion d'atteindre l'objet : ESPOIR

Cet espoir, s'il est constant : ASSURANCE

— Sans l'opinion d'atteindre l'objet : DÉSESPOIR

Ce désespoir, s'il est constant : DÉFIANCE DE SOI

Aversion

— avec l'opinion d'un dommage causé : CRAINTE

Cette crainte avec l'espoir de l'éviter en résistant : le COURAGE

Le courage quand il y a la soudaineté : COLÈRE

La colère devant un dommage injustement fait à autrui : INDIGNATION

Si l'on prend une passion qui joue un rôle fondamental dans l'état de nature précédant le pacte social, à savoir la VAINE GLOIRE, on obtient la définition suivante :

La JOIE + l'image qu'on se fait de sa propre puissance : l'AUTO-GLORIFICATION

+ l'expérience qu'on a de ses actions passées : ASSURANCE

+ la flatterie d'autrui : VAINE GLOIRE

*Hume (*Disseration sur les passions*)*

La question du procès de la passion en général est abandonnée et l'on n'a plus qu'un procédé de composition, composition qui croise l'appréciation affective de l'objet (plaisir/douleur) et l'évaluation intellectuelle de sa présence ou de son absence (certitude/incertitude). Le résultat de ce croisement est le suivant :

Bon (agréable)	Certain ou très probable	JOIE (passion plaisante)
	Incertain (bien plus certain que le mal)	ESPOIR (passion plaisante)
	Considéré simplement	DÉSIR
Mauvais (pénible)	Certain ou très probable	TRISTESSE (passion désagréable)
	Incertain (mal plus certain que le bien)	CRAINTE (passion désagréable)
	Considéré simplement	AVERSION

Les passions directes et les passions indirectes se fondent sur la douleur et le plaisir, sur cette appréciation initiale (*Traité*, II, 3, 9, 1). Espoir et crainte résultent de l'alternance de la joie et de la tristesse, sorte d'atomes affectifs qui se succèdent plus lentement dans la sensibilité que ne le font les idées dans l'entendement. Le désir naît immédiatement de l'appréciation de l'objet comme un bien, l'aversion de l'appréciation de l'objet comme un mal. Mais l'espoir ou la joie sont la même chose que le désir si l'on fait abstraction de la considération de la probabilité.

L'autre grande originalité de Hume consiste, on le sait, à substituer à la distinction entre les passions primitives et les passions dérivées, la distinction entre les passions directes et les passions indirectes. Cette dernière distinction repose sur une complication des principes. On aura en effet observé que dans le premier tableau l'amour et la haine sont absents ou ne sont pas confondus avec le désir et l'aversion. Pour les obtenir, ainsi que l'orgueil et l'humilité, il faut à l'association affective par ressemblance (les passions agréables s'associent au plaisir, les passions incommodes s'associent à la douleur) joindre l'association des idées qui est à la source du rapport qui s'établit entre le terme de la passion (moi ou autrui) et les biens ou les maux qui sont les causes considérées.

On obtient, en suivant la section II de la *Dissertation*, le tableau suivant :

	SENSATION	PASSION	
	La sensation est distincte de la passion mais lui est associée par ressemblance affective		
La cause	La cause est distincte de l'objet mais en relation d'idées avec lui (de la relation la plus étroite à la plus superficielle)		l'Objet
Mérite	Agréable : Approbation morale	Passion agréable :	
Esprit, bon goût	Agréable : Appréciation esthétique	de l'ORGUEIL	
Autres qualités	Agréable : Approbation sociale	à	MOI
Biens divers dont : famille ancienne, richesse et propriété, renommée, santé	Un plaisir déterminé	la VANITÉ	

Pour l'humilité, il suffit de passer de la valeur positive à la valeur négative de la sensation et donc de la passion.

Pour l'amour et la haine il suffit de changer d'objet : non plus MOI mais AUTRUI.

Les deux cellules centrales reproduisent la cellule des passions directes, abstraction faite de la certitude ou de l'incertitude du bien considéré.

Hume énumère quatre circonstances susceptibles de faire varier l'intensité de la cause : le regard d'autrui, le caractère constant et durable de la cause ; son caractère plus ou moins propre ; l'influence des règles générales (normes sociales, coutumes, etc.).

On notera que le tableau traite les différentes qualités non comme des fins recherchées mais comme des causes auxquelles est attachée une appréciation.

Dans le détail on obtient une analyse fine des comportements et des mœurs des hommes.

Un système contemporain (Ira Roseman)

La psychologie contemporaine a multiplié les tableaux systématiques des passions. Nous en retenons un, celui proposé par le psychologue américain contemporain, Ira Roseman [1], intéressant parce qu'il montre, malgré la multiplication des paramètres, ce que doivent les théories contemporaines à la tradition et combien le système explicatif des passions est structurellement stable, à la complication près. On n'aura pas de peine à retrouver dans le tableau ci-dessous des éléments du système de Hume, quoique enrichi de paramètres supplémentaires. Ira Roseman développe une théorie qui est fondée sur l'appréciation de l'objet, à la fois sensible et intellectuelle, sans que soit requise une activité mentale proprement cognitive.

---

1. Ira Roseman, « Cognitive determinants of emotions », *Review of personality and social psychology*, vol. V, Peter Shaver (ed.), « Emotions, relationship and health », Beverly Hills, CA, Sage, 1984, p. 11-36 (notre traduction).

AGENT	PROBABILITÉ	Présence du désirable / Absence de l'indésirable		Absence du désirable / Présence de l'indésirable		ÉTAT SITUATIONNEL (Rapport objet/motif) — ÉTAT MOTIVATIONNEL (agrément/désagrément)
		Appétit	**Aversion**	**Appétit**	**Aversion**	INTENSITÉ
monde	non connu	Surprise	Surprise	Surprise	Surprise	
	incertitude	Espoir			Crainte	Faible (calme)
	certitude	Joie	Soulagement	Tristesse	Mésaise / Dégoût	Faible (calme)
	incertitude	Espoir		Frustration	Frustration	Forte (violente)
	certitude	Joie	Soulagement	Frustration	Frustration	Forte (violente)
autrui	incertitude	Amour	Amour		Haine	Faible (calme)
	certitude	Amour	Amour		Colère	Forte (violente)
Soi-même	incertitude	Orgueil	Orgueil	Honte, Culpabilité		Faible (calme)
	certitude	Orgueil	Orgueil	Regret		Forte (violente)

Comme chez Hume, le Moi et l'Autre sont distingués des autres choses du monde. On retrouve actif le critère de probabilité. Et la distinction d'intensité entre les passions violentes et les passions calmes est un facteur de distinction des passions. Marquons toutefois en quoi ce système est « infidèle » à la « source » humienne. Il est d'emblée évident qu'on ne retrouve pas la complication qui fait chez le philosophe écossais la différence entre les passions directes et indirectes, ni non plus le jeu des deux principes d'association. Le Moi et l'Autre sont traités comme des agents mondains au même titre que les choses ou les circonstances. La distinction entre la cause et l'objet a disparu et l'on retombe sur le sens banal du mot *objet*. Le paramètre de la probabilité est bien retenu, mais d'une part il est appliqué à toutes les passions entrant dans le tableau et il est même enrichi d'un état neutre, ce qui permet d'introduire la surprise – un souvenir de Descartes ; d'autre part, si certitude et incertitude jouent bien comme un facteur d'appréciation, la dimension cognitive, même si elle n'opère pas comme un principe délibéré de mesure ou de calcul, devient déterminante puisqu'elle est le premier facteur de la distribution des passions.

L'état situationnel (rapport objet/motif) et l'état motivationnel sont solidaires. On retrouve dans le second la distinction entre l'appétit et l'aversion, mais alors que, classiquement, l'on n'entend par là que le fait d'appéter l'objet ou de s'en détourner, on retient ici l'appréciation de l'objet (ce qui correspond au *bon* ou *mauvais* de Hume), mais sachant que selon la situation effective l'objet peut être présent ou absent. Cela permet d'introduire une distinction fine : ainsi, le chagrin est une passion négative, celle de ne pas jouir de l'objet, mais le chagrin est une passion d'autant plus cruelle que l'appréciation du bien reste positive, ma peine se nourrissant du fait de ne pas jouir de ce que j'apprécie par ailleurs comme étant un bien. Ainsi, c'est la relation entre la valence du plaisir ou de la douleur et la valence de la passion positive ou négative, et donc le principe d'association des affections cher à Hume, qui est remise en cause.

CHAPITRE V

LES PASSIONS ET LA RAISON

La volonté

Le terme d'*émotion* est plus psychologique, le terme de *passion* est traditionnellement plus moral. Le mot *moral* peut être pris en deux sens : ou il peut dire le rapport de nos conduites à nos devoirs, quelque fondement qu'on leur donne, ou la manière dont ces mêmes conduites se portent à leurs fins. C'est une chose de représenter à quoi nos actions doivent répondre, c'en est une autre que de rendre compte comment vaque notre existence. Notre existence ne saurait aller sans se donner des fins, elle ne saurait non plus se dérober à toute obligation. C'est une question que de savoir comment nos obligations peuvent s'insérer dans le système de nos fins, c'en est une autre que de décider si nos fins doivent se subordonner à nos devoirs.

Assurément, selon qu'on se réfère à une définition prescriptive ou à une définition axiologique de la morale, l'appréciation morale des passions ne revient pas au même. Dans le premier cas, l'action est bonne si elle est conforme au devoir, indépendamment de l'influence des passions, dans le second elle l'est si la fin qui peut être celle d'une passion et qu'elle poursuit, est bonne. Dans le premier cas, Kant nous dit qu'il n'y a pas besoin d'un savoir, que notre conscience morale nous représente à elle seule notre devoir, dans le second il nous faut commencer par déterminer ce qu'est le Bien afin de bien diriger nos actions.

La vie morale met en jeu trois « acteurs » : les passions, la volonté et la raison ; et il faut savoir si ce sont les passions qui déterminent la volonté ou si c'est la raison. Reprenons librement l'image de l'attelage ailé dans le *Phèdre* de Platon. Quel est le principe moteur ? Est-ce le cheval qui tire l'attelage vers le bas en entraînant l'autre cheval et en échappant à l'autorité du cocher, ou est-ce le cocher qui dirigeant le cheval qui tire vers le haut réussit à maîtriser le cheval rétif ? Pas plus que d'un cocher un attelage ne saurait se passer de chevaux, ni même du cheval rétif : à la source des passions se trouve l'appétit (ἐπιθυμία) et l'appétit est le désir de vie ; les passions disent l'enracinement de toute vie dans le monde et la nécessité de toute vie de répondre aux contraintes ou aux sollicitations de son environnement. Les passions sont indestructibles ; et il serait absurde de vouloir construire son existence morale en se privant de leurs ressources vives. Mais il n'y a pas davantage d'attelage sans un cocher. Un cocher est censé tenir les rênes et gouverner ses chevaux, il a des intentions propres et se conforme à ses lois propres, lois morales ou lois d'utilité. Son pouvoir sur l'attelage et la légitimité de ce pouvoir restent à déterminer.

Des trois acteurs, le plus mystérieux est la volonté. Hume en donne une définition plus qu'expéditive : « par la volonté, je n'entends rien que l'impression interne que nous sentons et dont nous avons conscience, quand en connaissance nous suscitons un nouveau mouvement de notre corps ou une nouvelle perception de notre esprit »[1]. Et d'ajouter : « Cette

1. *Traité*, II, 3, 1, § 2.

impression ne peut se définir et il est inutile de la décrire davantage ». Il ne la compte pas à proprement parler pour une passion. Mais Thomas d'Aquin au début de la *prima secundae partis* de la *Somme théologique*, ne faisait guère mieux : à celui qui, se réclamant du stoïcisme, déclare qu'agir en vue d'une fin n'appartient qu'à une créature raisonnable, il opposait que toute action est en vue d'une fin (même l'inclination naturelle chez les créatures autres que l'homme relève de la causalité finale) et que, sous cet aspect, la volonté est chez l'homme comme « un appétit rationnel ». Quant à Hobbes, faisant de la délibération une succession alternée d'appétits et d'aversions, d'espoirs et de craintes, il tient la volonté pour « le dernier appétit ou la dernière aversion, qui se trouve en contact immédiat avec l'action ou son omission » [1]. Kant, de son côté, donne une double définition qui n'est pas sans créer quelque confusion. D'abord, la définition traditionnelle, psychologique : « La faculté de désirer dont le principe intérieur de détermination, donc le choix lui-même, se trouve dans la raison du sujet, s'appelle la *volonté* » [2]. Ensuite, la définition pratique : la volonté est la raison pratique elle-même, c'est-dire le rapport entre la liberté et la loi dans l'autonomie, l'arbitre (*arbitrium*) étant restreint à la faculté de choisir entre la seule application de la loi et une maxime subordonnée à un motif subjectif. Mais Kant, en personne, n'hésite pas à déclarer : « Alors seulement la raison en tant qu'elle détermine par elle-même la volonté (qu'elle n'est pas au service des penchants) est une véritable faculté supérieure

1. Hobbes, *Léviathan*, *op. cit.*, p. 56.
2. Kant, *Métaphysique des mœurs, Doctrine du droit*, trad. fr. A. Philonenko, Paris, Vrin, 1971, p. 87.

de désirer, à laquelle est subordonnée celle qui peut être pathologiquement déterminée » [1].

La volonté est donc ce tiers instable à placer entre la passion et la raison. Revenons à l'attelage ailé du *Phèdre*. La passion est comme le cheval qui tire vers le bas dans la mesure où, poursuivant des biens ou des beautés sensibles qui sont multiples, elle introduit trouble et désordre dans l'âme ; les passions ont des fins multiples où elles se dispersent et où il se peut qu'elles se contrarient. Mais on ne saurait sacrifier ce cheval, si rétif qu'il soit, puisqu'il est une puissance tractrice et qu'ainsi il contribue, bien ou mal, à la réalisation de l'action. La volonté est comme le second cheval (le θυμός, le cœur, la colère) : il peut être entraîné par son congénère et la colère est alors une exacerbation de la passion ; mais il y a aussi dans le θυμός comme une réaction, comme un retour à soi, comme une reprise de soi qui explique qu'il soit réceptif, sans rien perdre de sa fougue, aux commandements de la raison. Il représente ce qu'on se doit à soi-même, la fierté de soi-même, une forme passionnelle d'indépendance. Descartes avait bien compris cela lorsqu'il traitait de la générosité. « L'estime, en tant qu'elle est une passion, est une inclination qu'a l'âme à se représenter la valeur de la chose estimée » (art. 149). Et la cause de l'estime lorsque, dans un cœur généreux, elle porte sur le soi est ainsi définie : « je ne remarque qu'une seule chose qui nous puisse donner juste raison de nous estimer, à savoir l'usage de notre libre arbitre et l'empire que nous avons sur nos volontés » (art. 152). La générosité est la passion de la volonté, mais une passion telle que la seule chose dont nous puissions nous glorifier et qui attire légitimement sur nous

1. Kant, *Critique de la raison pratique*, trad. fr. F. Picavet, Paris, P.U.F., 1960, p. 23. Platon, dans *République* IX, 580 d-e, faisait de chaque partie de l'âme, y compris la partie rationnelle, une espèce de désir.

l'approbation d'autrui, soit de nous faire maîtres de nous-mêmes. En un sens, le cœur est encore une passion, mais il est le sentiment d'avoir la liberté de disposer de ses volitions, d'en bien user et de rester résolu dans ses décisions « c'est-à-dire de ne jamais manquer de volonté pour entreprendre et exécuter toutes les choses qu'il jugera encore les meilleures » (art. 153). Ainsi la volonté a ce pouvoir de déterminer effectivement le sujet à l'action, en le faisant maître de lui-même. Il ne reste alors qu'à déterminer son rapport à la raison. Ou la raison lui apporte la connaissance du vrai bien et la tourne vers le haut, ou elle est elle-même, étant pratique, le principe déterminant, de sorte que la maîtrise de soi prend un sens spécifiquement moral et devient l'autonomie du sujet moral qui dans l'obéissance à la loi morale se donne sa propre loi.

Les sources de la perfection : Reynolds

Si l'on admet, et tous ne l'admettent pas, que la volonté soit connaturelle aux passions, il faut pour les distinguer examiner le rapport qu'elles entretiennent respectivement avec leur objet. Cet objet porte un nom général : *le bien*. Non seulement la volonté ne peut vouloir le mal mais la passion elle-même ne saurait tendre au mal puisqu'elle s'en détourne naturellement. La valence de la passion et la valeur de l'objet se répondent. Mais on peut dire cela de deux façons. Ou c'est la passion qui est le facteur d'appréciation ou c'est la valeur de l'objet connue par jugement et raison qui permet d'apprécier la passion ; ou c'est la peur qui rend l'objet menaçant ou c'est l'objet effectivement menaçant qui suscite la peur plutôt que la tranquillité d'âme. Il n'est pas exclu que les deux principes entrent en concurrence et l'on a alors ce qu'on appelle traditionnellement le combat entre la raison et la passion, entre la réflexion et la spontanéité.

L'homme est un être qui est capable de jugement et de réflexion ; nul ne s'estime privé de raison, quoiqu'il y ait des insensés. L'homme a aussi des passions, nul n'a formé le projet de les éradiquer de son âme. Le propre de la passion est de traiter son objet comme un bien ou comme un mal, mais de le traiter spontanément : sa relation à l'objet est immédiate et naturelle. Quand elle est violente, elle peut jeter le trouble dans l'âme par son irruption brutale, mais son caractère naturel fait qu'on peut certes l'apaiser ou la détourner, mais non l'arracher. Les classiques avaient une expression pour dire cela : la passion est *une institution de la nature* telle que le Créateur l'a voulue en sa sagesse et en sa bonté.

Mais il y a deux façons de comprendre ce qu'est le bien pour la passion. Ou l'on entend par *biens* les objets divers et multiples, et parfois contraires, que poursuivent les différentes passions. Ou le bien est pour la passion sa satisfaction, son repos dans la joie comme le dit Thomas d'Aquin ; et, la passion étant un mouvement naturel, le bien est alors tout ce en quoi, l'ayant atteint, le sujet naturel satisfait son existence et trouve son accomplissement dans la perfection dont son être est capable. L'objet bon n'est alors que le moyen que la passion se donne pour parvenir à cet état de l'âme. C'est pour cette raison que Thomas inscrit d'emblée son étude des passions dans la problématique générale de la béatitude. Mais on pourrait le dire plus élémentairement. En effet, tout être vivant s'efforce de satisfaire à sa vie, qui est son bien premier ; et, pour ainsi dire, la satiété est son bonheur. Pour cela, il se nourrit d'aliments et ces aliments sont des biens auxquels la faim le porte ; mais s'en nourrissant, il les consomme : il détruit ce bien pour en faire l'élément de son corps repu. On peut donner à ce raisonnement un tour économique. On raisonne souvent en mettant en avant l'abondance et la diversité des biens produits, et la publicité s'attache à créer chez le consommateur une relation passionnelle au produit. Mais c'est oublier la valeur d'usage de ce bien produit : la fin première d'un bien, qu'il soit de nécessité, de commodité (de confort) ou de luxe – comme on disait au XVIIIe siècle – est d'apporter la satisfaction et la satisfaction apporte un plus-être à l'individu, tandis qu'il jouit d'une moindre existence s'il reste dans le manque.

Edward Reynolds, personnage important de l'Église d'Angleterre, d'obédience puritaine et devenu évêque de Norwich, écrit en 1640 un ouvrage qui fut très influent et qui porte le titre : *A Treatise of the passions and faculties of the soul of man, with the several dignities and corruptions there unto belonging*. Il tient en substance le raisonnement suivant :

Notre présente condition humaine fait que la part raisonnable de l'âme de l'homme dépend dans ses opérations naturelles du bon état de son corps, d'un tempérament heureux, d'une composition fonctionnelle qui soit adéquate à son bien-être. Galien disait déjà cela. Et l'âme, naturellement, reçoit tous ses objets de cet instrument naturel qu'est pour elle son corps. Cette dépendance peut être atténuée ou transformée par l'éducation, les mœurs et la coutume, et également par les circonstances susceptibles d'agir sur ces inclinations naturelles que sont les passions et la volonté.

D'une manière générale, les passions sont source de perfection ou de corruption pour l'âme comme pour le corps (c'est le titre du chapitre V de l'ouvrage). Source de corruption : par les désordres qu'elles peuvent créer dans le corps et les troubles qu'elles peuvent susciter dans l'âme. Source de perfection : elles sont des mouvements naturels, au service du perfectionnement de la nature de l'individu, en proportion de ses capacités. Et elles sont bonnes pour autant qu'elles l'inclinent vers les objets qui ont convenance avec sa nature, dans la satisfaction qu'elle lui apporte[1].

Mais tous les êtres naturels ne sont pas dotés ou ne sont pas susceptibles d'un degré égal de perfection. Et de cette différence ontologique il faut tenir compte quand on traite des passions dans les différentes sortes de créatures.

Dans les créatures qui n'ont pas de connaissance, les passions sont des mouvements naturels et spontanés qui sont régis de manière extérieure et imposée par les lois de la nature qui, en les gouvernant, les portent à leurs fins générales ou particulières, en proportion de leurs capacités. Ces lois veillent à les conserver dans la perfection bornée qui est la leur. Dans cet état inférieur qui fait leur condition, ces créatures ne peuvent manquer d'être portées nécessairement vers les objets que la nature leur a attribués, sauf si des circonstances adverses se présentent ; et leurs passions sont donc toujours bonnes. Elles contribuent à la conservation de la vie de l'individu, à la reproduction de l'espèce, à l'ordre harmonieux de l'univers, au service de l'homme et à la gloire de Dieu.

Mais l'homme est une créature qui jouit du pouvoir de connaissance, et de telle façon que le gouvernement de son existence et de son bien-être en dépend. La loi qui le dirige ne lui est plus extérieure, c'est sa volonté éclairée par sa raison qui la lui donne. Il est ainsi un être plus parfait. Mais cette perfection d'être a une condition : qu'il sache gouverner volontairement son âme et ne pas se laisser détourner par des mouvements désordonnés, vains et confus. D'où ce devoir qui est le sien de maîtriser ses passions ; et ce devoir est proportionné à son aptitude à tendre vers une plus grande perfection, ainsi que l'a voulu le Créateur. Les passions ne

---

1. Edward Reynolds, *A Treatise of the Passions*, in *Works*, VI, nouvelle édition, London, 1826, p. 28.

sont pas mauvaises par elles-mêmes ; est mauvais de renoncer à les gouverner ou à accepter le désordre qui s'ensuit dans l'âme.

Les passions dépendent de la nature ; la connaissance dépend de l'homme. Chez l'homme et selon l'institution naturelle, l'action des sens n'est pas faite pour toucher l'affection mais pour présenter les objets extérieurs à l'entendement, lequel, connaissant ces objets, les appréciant à leur juste valeur, est amené à déterminer et à gouverner sa conduite. Telles sont la continuité et l'union naturelle des facultés de l'âme. Certes, les objets du monde ne sont pas sans effet sur les affections ; et on ne peut retirer à ces dernières d'échauffer l'âme humaine, de vivifier les fins qu'elle se propose ; elles ne sont pas inutiles à cet égard, mais il ne faut pas les livrer à elles-mêmes, c'est-à-dire à leur penchant.

Reynolds, tout puritain qu'il soit, est si peu hostile aux passions qu'il anticipe le thème humien des passions calmes et n'hésite pas à faire l'éloge de leur agitation, aussi longtemps, du moins, qu'elles stimulent la vertu sans l'étouffer, aussi longtemps qu'elles restent dans la dépendance de la raison et ne débordent pas sur les berges qui les canalisent ; elles sont alors, « of excellent service in all the travel of man's life ». Et reprenant un thème platonicien, Reynolds range les passions en trois classes, en fonction du type de connaissance qui est à l'œuvre. D'abord, les passions sensibles qu'on trouve aussi dans les bêtes et qui sont liées à l'exercice des sens, de la mémoire et de l'imagination ; ce sont moins des passions que des impulsions. Ensuite, les passions rendues rationnelles lorsqu'elles sont subordonnées à la volonté et au jugement – Reynolds relit sous cet angle le tableau thomasien des passions. Enfin, il y a les passions « mentales », lorsque sont en jeu les formes supérieures de la connaissance, lorsque l'intellect ne doit plus rien aux sens et que, comme le voῦς d'Aristote, il tire sa connaissance de la seule contemplation de l'objet et n'éprouve plus que la seule « passion » du bonheur ; ou encore lorsqu'il est l'objet d'une révélation qui lui apporte une connaissance supérieure qui le ravit et le porte à l'extase, et la « passion » est alors la béatitude.

Le dernier chapitre de l'ouvrage est consacré à la volonté. La volonté a « trois perfections » : l'appétit, la liberté, le pouvoir sur les facultés inférieures. En tant qu'appétit, elle est le désir du bien, du plus grand bien et donc de Dieu ; et à cet égard, son acte a un triple aspect : l'amour du Bien, l'intention de le poursuivre et le contentement dans la jouissance qu'elle en retire. En tant que liberté, elle est fondée sur le jugement et elle fait le choix des meilleures voies pour atteindre le Bien. Enfin, en tant que pouvoir, elle commande sur un mode prescriptif le corps et sur un mode persuasif les facultés de l'âme. Dès lors la corruption de l'âme ne peut venir que du dysfonctionnement de l'une ou l'autres de ces « perfections ». Une telle conception de la volonté résume à elle seule le caractère harmonique de la doctrine de Reynolds. Mais elle met en relief tous les points pendants : celui de l'appréciation du Bien, résolu ici de manière hyperbolique (le Bien est Dieu) ; celui du traitement de la volonté comme appétit avec tous les traits de la passion (amour, effort, jouissance) ; celui de la liberté comme liberté de choix portant sur les moyens ; celui de l'influence clairement auxiliaire de la raison sur la volonté ; enfin celui du rapport de la volonté au corps et aux autres facultés, dont les passions.

L'avers et l'envers :
la raison et les passions chez les Stoïciens

Il y a deux manières frontales de perturber cette belle harmonie. La première est de dire que la morale repose sur l'alternative en l'âme de la passion et de la raison (les Stoïciens) et donc de rouvrir le fossé ; la seconde est de dire que si la morale peut éveiller les passions, produire ou empêcher l'action, elle ne doit pas son influence à la raison qui est entièrement impuissante sur ce point (Hume). Quelle puissance accorder à la raison ? Dans le premier cas, la volonté est renvoyée du côté de la raison, dans le second du côté des passions.

Le sage est sans passion, disent les Stoïciens, et accéder à la sagesse, c'est combattre les passions, c'est surmonter leur passivité et accéder à la maîtrise de soi, c'est-à-dire à la liberté de l'âme que procure la vertu. Suivons le dialogue de Sénèque sur la colère (*De ira*). La colère prise non comme simple irritabilité, mais comme désir de vengeance. Cette passion est remarquable à un double titre : d'une part, c'est une passion ardente aux manifestations violentes (on laisse éclater sa colère) ; d'autre part, c'est une passion dont la valeur peut paraître ambiguë : on la range volontiers du côté du cheval tirant vers le haut qui s'irrite de la difficulté rencontrée et qui donne à l'âme de se reprendre pour s'indigner d'une offense, d'une injustice, d'un scandale, de sorte qu'on en fait volontiers une passion noble. Or elle est pour Sénèque la passion qui est la plus étrangère au sage, peut-être parce que c'est celle qui, en dépit de ses excès manifestes, s'approche le plus, dans le champ passionnel, de l'affirmation de soi ; incitant ainsi à y voir une préparation ou un accompagnement à la maîtrise de soi qu'on demande au sage.

Mais il faut d'abord s'entendre sur ce qu'est la passion. L'animal peut être féroce mais il est étranger à la colère, car « quoique ennemie de la raison, la passion ne naît que chez des êtres capables de raison »[1]. Seul un être rationnel peut

---

1. Sénèque, *Dialogues, De la colère*, trad. fr. A. Bourgery, Paris, Les Belles Lettres, 1993, I, 2.

éprouver des passions, l'animal ne fait que répondre aux impulsions qu'il subit. Sénèque dit même : « La raison et la passion n'ont pas leur siège séparé et distinct ; elles ne sont autre chose que l'âme elle-même, modifiée en bien ou en mal »[1]. À cet égard, la passion ne doit pas être confondue avec la simple réactivité affective qui est involontaire et donc inévitable. Imaginons qu'à la télévision on me montre quelque acte de barbarie. Face à tel spectacle, mon rythme cardiaque s'accélère, ma posture se raidit, je me retiens de hurler, etc. ; bref s'exprime dans mon corps tout le « programme affectif » qui est caractéristique de la colère. Mais ce n'est pas encore la colère ; il faut distinguer de ce programme affectif du corps la passion proprement mentale de l'âme.

Lisons Cicéron[2]. Tous les êtres dotés d'une âme ont en eux et naturellement une impulsion (ὁρμή) qui est appropriée à leur nature et qui les porte à conserver leur vie et à s'orienter vers les fins légitimes, puisque naturelles, qui sont attachées à cette impulsion. Et le sage lui-même ne se détournera pas des injonctions de la nature. C'est la nature qui préside aux choix de l'être vivant et détermine ses mobiles. Ainsi est définie toute valeur : ce qui est de soi-même conforme à la nature ou ce qui produit quelque résultat de ce genre.

Mais les êtres qui possèdent la raison peuvent acquérir la connaissance des choix faits par la nature, de sorte que ces choix, dont ils se représentent l'utilité, s'offrent à eux comme appelant non seulement une conduite raisonnée mais encore une conduite *convenable*. Les choix de la nature sont bons mais il appartient au sage de les apprécier au-delà de leur simple utilité comme convenant à un ordre, à une harmonie

---

1. Sénèque, *Dialogues, De la colère, op. cit.*, I, 8.
2. Cicéron, *Des termes extrêmes des biens et des maux*, III, V, 16 – VI, 22.

générale ; de sorte que c'est cet ordre ou cette harmonie qui lui paraît avoir beaucoup plus de prix que les objets premiers qu'il poursuit naturellement. Et c'est par là que le sage s'ordonne au souverain bien et entre dans la moralité. Il y entre en action, puisque cet ordre se présente moins comme un objet contemplé que comme une suite d'actions à mener. Toute fin poursuivie est bonne si elle est naturelle ; mais elle est droite si elle se subordonne à la fin suprême, laquelle se réfléchit dans la norme harmonique du devoir.

Revenons aux passions. Elles bouleversent l'ordre. Le corps est affecté et l'âme est émue. Il n'y a rien là qui ne soit conforme à la nature. Appelons cela l'émotion, mais l'émotion n'est pas la passion, elle ne fait que devancer la passion [1]. L'émotion ne devient passion que lorsque l'âme y assentit, lorsqu'elle l'épouse et de telle manière que ce qui n'aurait dû rester qu'une appréciation corporelle devient le principe de la conduite de l'âme. L'âme fait sien moralement ce qu'elle subit. Elle en reste à l'appétit ou à l'aversion que lui cause l'objet, elle ne s'élève pas à l'idée régulatrice de l'harmonie générale de la nature. Ce que je vois sur l'écran de mon téléviseur crée en moi un choc visuel qui est suivi de diverses réactions de mon corps et qui suscite naturellement en moi de l'aversion. Mais cette aversion se change en colère quand, par exemple, je songe à tout ce qu'on doit à un être humain. La colère est un comportement qui renferme une activité fautive de jugement et de réflexion. En tant que passion, elle est moins un jugement qui s'égare, qu'une décision, la décision d'adopter ce comportement de la colère. Il y a faute de jugement, du fait qu'on ne replace pas ce qui a causé la colère dans l'espace de la réflexion morale et qu'on y répond impétueusement ; il y a faute de décision, du fait qu'on tient

1. *Ibid.*, II, 3-4.

ce comportement colérique pour la conduite morale légitime en la circonstance. Cicéron [1] disait ainsi que face à un mal les hommes aiment se plaire dans la douleur, qu'ils en adoptent tout l'appareil, qu'ils s'en font un devoir comme si cet appareil était la chose juste et due. Il y a ainsi dans la passion un exercice de la volonté. Et si la colère appelle la vengeance, on dira alors : « L'instant d'après, l'homme n'est plus son maître : il ne se venge pas parce qu'il le faut, mais parce qu'il le veut à tout prix, il a dépassé la raison » [2]. Sénèque reprend Chrysippe : l'âme rationnelle produit la passion sous le joug de laquelle elle tombe, en se comportant de manière irrationnelle. Face au mal ou à quelque offense qui m'est faite, plutôt que de raisonner posément et d'envisager les moyens d'y remédier, je me mets en colère, je m'indigne, je réclame vengeance, et j'en prends à témoin les manifestations corporelles que l'horreur cause en moi. « L'âme n'est plus cette sentinelle qui veille au dehors pour observer la marche des passions et les empêcher de forcer les lignes du devoir, elle-même s'identifie à la passion » [3]. L'âme veut sa passion au point de la faire valoir comme son jugement. On comprend pourquoi la passion et la raison sont pour l'âme comme l'avers et l'envers ; on comprend aussi pourquoi la raison ne peut pas maîtriser la passion pour la rendre utile. La colère n'a pas d'utilité, on ne la confondra pas avec la grandeur d'âme. Le sage ne se met pas en colère.

La difficulté est qu'il faut attribuer à l'âme rationnelle ou à la partie rationnelle de l'âme la responsabilité de ses passions et que, si la passion résulte d'une décision ou d'un engagement

1. Cicéron, *Tusculanes*, trad. fr. J. Humbert, Paris, Les Belles Lettres, 2002, IV, 27, 64.

2. Sénèque, *De la colère, op. cit.*, II, 4.

3. *Ibid.*, I, 8.

de sa part, il se produit que la raison ne se détermine pas elle-même comme il se doit. Mais à quoi attribuer ce manquement actif de la raison, puisque ce ne peut être à la passion, laquelle est précisément ce manquement de la raison ? Faut-il l'imputer à notre faiblesse, ce qui amène à dénoncer les mauvaises influences de l'éducation ou de la coutume, mais aussi à incriminer notre nature ? Faut-il en faire l'effet de la condition humaine en général ? Le sage n'est pas dépourvu de passions, certaines sont favorables. Mais elles sont consécutives à des jugements droits rendus par la raison. Et, telle la bienveillance qui est une espèce de la volonté, elles sont sans *pathos*. D'une manière générale, dans ce raisonnement la volonté est l'acte de l'âme rationnelle et la passion l'acte de l'âme irrationnelle.

Un combat sans adversaire : Hume vs Kant

La sagesse est une connaissance pratique. La raison est chez les Stoïciens tout à la fois la connaissance de la nature, l'appréciation de la nature comme le souverain bien et la détermination à agir comme il convient d'agir. Ce qui est accorder à la raison un pouvoir extrême, celui même de changer l'émotion, impulsion naturelle, en passion, conduite irrationnelle. Pouvoir si extrême qu'on a peine à comprendre l'origine de la passion. Kant, en un sens, n'accorde pas autant : notre connaissance de la nature est trop bornée pour qu'elle soit au fondement de la conscience de notre devoir. Notre conscience morale n'a pas besoin de contempler l'ordre des choses pour connaître son devoir. Au demeurant nous ne connaissons la nature que sous ses lois nécessaires, et il ne saurait y en avoir de perception finale sinon sur le mode esthétique. Mais, en un autre sens, il en pose bien davantage : par la raison pratique, c'est-à-dire par ce lien intime noué entre la liberté humaine et la représentation du devoir, l'agent moral a le pouvoir d'inaugurer par son action un monde moral, et cela dans l'effort d'une histoire morale culminant dans le règne des fins. De sorte qu'il y a deux mondes, le monde naturel qui est ce qu'il est et le monde moral à réaliser. De sorte qu'il y a deux champs d'exercice de la raison : celui où les causes sont suivies d'effets, où l'entendement observe comment les hommes se rapportent à leurs fins naturelles, comment les circonstances agissent sur leurs actions, comment mus par leurs passions ils déterminent par calcul et raisonnement les moyens de leur satisfaction – tout cela ressortit à la nature et le psychologue ou le sociologue peuvent dans ce cadre étudier les passions. Mais il y a l'autre champ, le champ moral de la raison pratique où les hommes se soumettant à l'impératif catégorique conquièrent leur autonomie.

Assurément, c'est une question de savoir comment le monde moral peut s'inscrire dans le monde naturel, ce sans quoi il n'aurait pas de réalité effective. C'est dans l'ordinaire des passions humaines et de leurs fins naturelles que la conscience morale doit faire ses preuves. Et il pourrait sembler que se renouvelle de la sorte l'inévitable combat entre la raison et les passions. Mais il est remarquable que Kant opère un déplacement majeur. Il suffit de parcourir la *Critique de la raison pratique* pour voir que le rapport n'est pas entre la passion et la raison, mais entre deux modes de rationalité : la rationalité de l'intérêt et la rationalité de la raison pratique. La première n'est pas à la source des fins humaines mais se les représentant elle étudie les moyens de les satisfaire de la manière la plus utile et la plus rationnelle. Elle est bien rationnelle car elle remplit sa fonction ancillaire en se demandant quelle maxime objective adopter pour répondre aux mouvements naturels de la sensibilité, laquelle est l'appétit des hommes au bonheur. Mais son pouvoir d'objectivité n'a ici cours que dans le monde de la nature. Il en va différemment dans la rationalité de type pratique, laquelle a le pouvoir de déterminer les fins morales à partir du pouvoir pratique de la loi morale. Et la *Critique de la raison pratique* explique pourquoi et comment le premier mode de rationalité doit se subordonner au second. C'est donc un débat de la raison avec elle-même et l'on n'est pas si loin de la tension interne à la raison chez les Stoïciens. Or, remarquablement, la passion n'a aucune place dans le *Critique*. Ou, plus exactement, cet ouvrage l'expulse du champ. Et il le fait dans le chapitre consacré aux mobiles de la raison pure pratique.

Reprenons à grand traits le raisonnement de ce chapitre. Ce qui est essentiel dans la valeur d'une action morale, c'est que ce soit la loi morale qui détermine la volonté. Mais Kant est un homme de sens et il ne nie pas que la volonté puisse être déterminée par autre chose que la loi morale, je veux dire la sensibilité qui jouit d'une antériorité naturelle. Et il faut que la sensibilité soit naturellement antérieure, car autrement il n'y aurait pas de devoir : la volonté serait d'emblée conforme à la loi objective. Il faut cet écart entre soi-même et la raison, ou, plus exactement, cet écart au-dedans de soi entre la pulsion subjective et le principe objectif. D'où la nécessité d'un mobile, car lorsqu'on examine un rapport de subordination il faut le considérer dans les deux sens. Mais de nouveau, la contrainte du système se fait sentir : « le mobile de la volonté humaine ne peut être jamais que la loi morale » [1]. Comment faire place à la sensibilité sans rien lui concéder ? Or la sensibilité est dans la nature humaine une puissance indestructible, et ses penchants sont de véritables ressorts d'action, tandis que, prise en elle-même, la raison pratique n'est pas un mobile mais un principe. D'où ceci qu'il faut

1. Kant, *Critique de la raison pratique, op. cit.*, p. 77.

que la oi morale devienne un mobile au cœur de la sensibilité elle-même. Il faut que la loi morale ait un effet « naturel » sur la faculté de désirer.

L'argument court ainsi : la loi morale comme principe déterminant de la volonté libre porte préjudice à tous les penchants, son effet est négatif et, la sensibilité étant par définition sensible, elle est source de douleur. Mais comme cette loi est quelque chose de positif en soi, elle suscite en même temps le respect, elle inspire le respect à la nature humaine sensible que pourtant elle humilie. Ainsi, la loi morale est « le principe d'un sentiment positif qui n'est pas d'origine empirique, et qui est connu a priori »[1]. Et donc la seule passion recevable pratiquement est le respect. Or, par son origine même, le respect est une passion plus que singulière. Passion, il relève de la sensibilité quoiqu'il ne naisse pas de la sensibilité ; sensible, il contredit la sensibilité : il est senti parce qu'il doit être senti ; c'est un sentiment qui n'est pas pathologique car il est tiré de la représentation du principe pratique ; il n'est ni plaisir ni peine en lui-même, puisque c'est un sentiment totalement pur qui naît par devoir en regard de la majesté de la loi. En un mot, le respect est dans le champ du sensible l'anti-passion. Et Kant de tirer cette conclusion ahurissante que sous la loi morale, à défaut du bonheur, on gagne une réelle tranquillité intérieure, laquelle « est l'effet d'un respect pour quelque chose qui est tout à fait autre que la vie et auprès duquel au contraire, en comparaison et en opposition, la vie avec tout son charme n'a aucune valeur. [L'homme] ne vit plus que par devoir, non parce qu'il trouve le moindre agrément à vivre »[2].

---

1. Kant, *Critique de la raison pratique*, *op. cit.*, p. 77.
2. *Ibid.*, p. 93.

Qu'est devenue la passion? Il faut la chercher dans l'*Anthropologie du point de vue pragmatique*. La sensibilité est plaisir ou douleur; ces sentiments peuvent s'expliquer « par l'action que la sensation de notre état exerce sur notre esprit »[1], ce sont des sentiments (des impressions) purement esthétiques, de simples perceptions. Quant au désir, il « est l'autodétermination du pouvoir d'un sujet par la représentation d'un fait futur qui serait l'effet de ce pouvoir »[2], ce qui revient à inscrire en lui une causalité finale. Là-dessus, Kant distingue entre l'émotion et la passion. L'émotion est le sentiment d'un plaisir (la joie) ou d'un déplaisir actuel (l'affliction) qui par son irruption soudaine ne laisse pas de temps à la réflexion. Elle emporte le sujet. En revanche, la passion opère dans la durée : elle est pire que l'émotion puisqu'elle se donne le temps de la réflexion, mais sa puissance est telle qu'elle corrompt la réflexion. « Être soumis aux émotions et aux passions est toujours une maladie de l'âme puisque toutes deux excluent la maîtrise de la raison »[3]. Assurément l'esprit travaille naturellement à combattre ses émotions : l'émotion rendant aveugle, l'apathie est à souhaiter; l'esprit ne surmonte l'anxiété, l'angoisse, la terreur, que par le courage, etc. Quant aux passions, si elles sont moins violentes que les émotions, elles s'enracinent davantage et elles portent un plus grand préjudice à la liberté[4]. Et Kant retrouve le thème stoïcien : « Les passions sont une gangrène pour la raison pure pratique, et la plupart du temps elles sont inguérissables; car le malade ne veut pas être guéri et se soustrait à l'emprise du principe

----

1. Kant, *Anthropologie du point de vue pragmatique*, trad. fr. M. Foucault, Paris, Vrin, 1994. § 60.

2. *Ibid.*, § 73.

3. *Ibid.*, § 73.

4. *Ibid.*, § 80.

qui seul pourrait opérer cette guérison »[1]. Elles sont toujours
des désirs qui vont « d'homme à homme » et non « d'hommes
à choses » Elles se divisent en passions relevant des tendances
naturelles (tendance à la liberté, au rejet de tout frein, et
tendance à la reproduction (passion sexuelle), et passions
relevant des tendances nées de la culture (manie de l'honneur
(l'estime de soi indue), du pouvoir ou de la possession).

Chassée du territoire de la raison pratique, la passion
réapparaît dans le champ d'une anthropologie empirique,
rendue pragmatique par la tutelle qu'exerce sur elle la
philosophie pratique. Kant en est conscient : on ne peut faire
l'économie de cette tendance au bien-être dont chaque homme
fait l'expérience immédiate. Si la raison pratique est le
fondement de la vie morale, la recherche du bonheur en est
le ressort naturel. « Les deux sortes de bien, le physique et le
moral ne peuvent être mêlé ; car ils se neutralisent et seraient
sans efficacité pour atteindre la fin de la vraie félicité »[2]. Et
cependant, dans l'homme de bien, les deux principes doivent
entrer en rapport. On sait la solution : la subordination du
premier au second. Et Kant donne un nom à cette solution en
la liant au commerce social : *l'humanité*. « La façon de penser
l'unification du bien-être avec la vertu dans le commerce avec
autrui est l'humanité »[3]. C'est ce par quoi les passions (qui
vont des hommes aux hommes) et la raison pratique peuvent
se rejoindre : le commerce social.

S'il y a à privilégier, chez Hume et les philosophes
britanniques du XVIIIe siècle, un trait constitutif dans la vie
morale, c'est bien cette dimension sociale. Mais cela suppose
une théorie morale des passions dont la raison soit exclue à

---

1. Kant, *Anthropologie du point de vue pragmatique, op. cit.*, § 81.
2. *Ibid.*, § 88.
3. *Ibid.*, § 88.

titre de principe. Tous les actes vertueux tirent leur mérite uniquement des motifs vertueux qui les inspirent et dont ils sont les signes. Or une action ne peut être vertueuse par elle-même ni par la représentation, dans l'intention, de sa moralité. La moralité de l'action ne peut être un motif pour l'action. Remonter de la vertu de l'action à la vertu du motif pour faire de celui-ci une intention dirigée vers la vertu de l'action, constitue un véritable cercle. En conséquence de quoi tous les motifs sont d'ordre passionnel ou sont relatifs aux passions, lesquelles sont les seuls moteurs des conduites humaines. Contre la représentation de la raison comme principe moral, Hume s'attache à prouver d'une part que la raison est indifférente, d'autre part qu'elle est impuissante à rien changer[1].

Elle est indifférente. La raison est le pouvoir de connaître par démonstration ou par inférence. Elle étudie les liaisons entre les idées ou elle établit les faits sans jamais nous instruire du bien et du mal. Son objet est la vérité, et non le bien ou la valeur. « Il n'est pas contraire à la raison de préférer la destruction du monde entier à une égratignure de mon doigt »[2].

Elle est aussi impuissante. Partons de la volonté. La volonté est une impression que nous ressentons consciemment, quand en connaissance nous suscitons un nouveau mouvement de notre corps ou une nouvelle perception de notre esprit. Elle est donc le sentiment intérieur d'une action corporelle ou d'une opération mentale s'accompagnant de connaissance. Elle est de l'ordre de la perception, elle n'est pas un pouvoir actif propre. On fait de la volonté un principe par lequel le sujet pourrait se mouvoir et agir par lui-même. Mais qu'offre l'observation ? Des motifs et des actions. Et des liaisons régulières entre ces motifs et ces actions de sorte que l'on

1. *Traité*, III, 1, sect. 1 et 2.
2. *Ibid.*, II, 3, 3, § 6.

infère que tel motif déterminé cause telle action déterminée.
Bien entendu, dans les conduites humaines, ce rapport de
causalité peut être d'une grande complexité, mais il appartient
à l'analyse de la débrouiller. À ce titre, les actions volontaires
sont aussi nécessaires que les actions qui sont involontaires,
ne s'accompagnant pas de connaissance : toutes se tiennent
dans le même plan, toutes sont uniformes. Il est vrai que par
l'idée de nécessité l'on n'entend que ce lien régulier de
causalité qui est connu par expérience. En certaines
circonstances, l'effet peut ne pas se produire du fait de
l'intervention d'un autre facteur. Et le rapport établi peut
varier selon les différents degrés de probabilité. En regard,
on ne saurait introduire une liberté d'indifférence qui viendrait
interrompre la suite des causes et des effets. Si nous pensons
en faire l'expérience en nous, un spectateur extérieur ne
manque pas de mettre en relation nos motifs et nos actions.
Une action morale ne diffère en rien de toutes les opérations
de la nature.

Une action est volontaire quand elle s'accompagne de
connaissance. On pourrait être alors tenté de dire que ce qui
rend libre l'action volontaire, c'est cette connaissance et donc
que c'est par la raison elle-même que l'agent peut initier
volontairement une action à partir de lui-même. Mais, puisque
sa fonction est de connaissance, la raison n'a que l'efficacité
dérivée du jugement, lorsque celui-ci éclaire l'action, étant
alors le moyen par lequel la passion ou la tendance transite
de son objet propre aux objets associés ou aux moyens
nécessaires à sa réalisation. La raison est une puissance
théorique, elle n'a pas de pouvoir pratique. Elle juge par
démonstration ou par probabilité mais aucun de ces deux
modes de raisonnement n'a jamais influencé nos actions,
sinon en tant qu'il dirige notre jugement sur les causes et les
effets. La fonction de la raison est de découvrir et d'étudier

les relations, mais elle n'est par elle-même à l'origine d'aucune relation. Elle ne peut être un motif d'action. Elle n'est pas plus capable d'empêcher une volition ou de le disputer à une passion ni même d'en retarder l'opération. Ce que Hume récapitule dans une formule-choc : « la raison est et doit être [*ought to be*] l'esclave des passions et ne peut remplir d'autre fonction que de les servir et de leur obéir »[1].

Hume se fait une conception méthodologique de la raison : la raison n'est rien que calcul ou inférence, éventuellement règle de correction. Elle n'est pas une puissance ni même, à parler en toute rigueur, une faculté. Il n'y a en elle aucun pouvoir original de réalité ou, dit dans le langage du philosophe, Il n'y en elle rien d'un principe naturel. Paradoxalement, c'est lorsqu'elle sert la dynamique des passions, en elles-mêmes uniformes et invariables, qu'elle apparaît être le moteur de tout progrès. En revanche, une passion est « une existence primitive ou, si vous le voulez, un mode primitif d'existence »[2]. Une passion ne représente rien, c'est une impulsion. Il n'y a donc rien en elle par quoi la raison pourrait la combattre, la corriger ou la diriger. « Les passions ne peuvent être contraires à la raison que dans la mesure où elles *s'accompagnent* d'un jugement ou d'une opinion »[3]. Ainsi l'espoir peut se fonder sur la supposition de l'existence d'un objet, et la raison démontrer que cette supposition est vaine ou prouver que le moyen envisagé de l'atteindre n'est pas utile. Si l'on objecte que ce n'est pas ôter toute efficace à la raison sur le champ des passions et qu'une raison au service de l'intérêt est encore une raison, il sera répondu que, bien sûr, la raison est une cause parmi d'autres, et une cause qui agit par démonstration

1. *Traité*, II, 3, 3, § 4.
2. *Ibid.*, II, 3, 3, § 5.
3. *Ibid.*, II, 3, 3, 6.

ou inférence, et qui par ce moyen peut modifier le cours des passions, mais il n'y a là qu'une liaison causale parmi d'autres, au même titre que lorsqu'on dit que les climats agissent sur les passions des hommes. Et s'il faut chercher l'origine de la moralité, il apparaît que cette origine, le sens moral, est lui-même une passion souvent confondue avec la passion calme qu'est la bienveillance. Le combat de la raison et des passions se réduit donc à un possible conflit entre les passions calmes (auxquelles on assimile volontiers la raison) et les passions violentes.

BIBLIOGRAPHIE SÉLECTIVE

Antiquité et Moyen Âge

ARISTOTE, *Éthique à Nicomaque*, trad. fr. J. Tricot, éd. révisée, Paris, Vrin, 1994.
– *De l'âme*, trad. fr. J. Tricot, Paris, Vrin, 1995.
– *Rhétorique*, trad. fr. M. Dufour, livre II, Paris, Les belles lettres, 1967.
CICÉRON, *Des termes extrêmes des biens et des maux*, trad. fr. J. Martha, Paris, Les Belles Lettres, 2002.
– *Tusculanes*, trad. fr. J. Humbert, Paris, Les Belles Lettres, 2002.
GALIEN, *L'âme et ses passions*, trad. fr. V. Barras, T. Birchler et A.-F. Morand, Paris, Les Belles Lettres, 1995.
PLATON, *La république*, trad. fr. E. Chambry, Paris, Les Belles Lettres, 2002-2003.
– *Phèdre*, trad. fr. P. Vicaire, Paris, Les Belles Lettres, 2002.
– *Timée*, trad. fr. A. Rivaud, Paris, Les Belles Lettres, 1963.
SÉNÈQUE, *Dialogues*, *De la colère*, trad. fr. A. Bourgery, Paris, Les Belles lettres, 1993.
THOMAS D'AQUIN, *Summa theologiae*, trad. fr. par A. M. Roguet, *Somme théologique*, Paris, Cerf, 4 t., 1984-1986.
– *Sentencia libri De anima*, trad. fr. J.-M. Vernier, *Commentaire du traité de l'âme d'Aristote*, Paris, Vrin, 1999.
– *Sententia libri Ethicorum*, trad. fr. Y. Pelletier, Laval, 1999, Édition numérique, http : //docteurangelique.free.fr, 2008.

Philosophie moderne

BONNET Charles, *Essai analytique sur les facultés de l'âme*, 1760, rééd. Hildesheim–New York, G. Olms Verlag, 1973.

BUTLER Joseph, *Sermons*, in *Works*, Oxford, Clarendon Press, 1897, vol. II.

CABANIS, *Rapport du physique et du moral de l'homme*, Genève, Slatkine, 1980.

DESCARTES René, *Les passions de l'âme*, introd. et notes, G. Rodis-Lewis, avant-propos D. Kambouchner, nouvelle éd., Paris, Vrin, 1994.

DESTUTT DE TRACY, *Éléments d'idéologie, Traité de la volonté et de ses effets*, Paris, Vrin, 2015.

HOBBES Thomas, *Éléments du droit naturel et politique*, trad. fr. D. Thivet, Paris, Vrin, 2010.

– *Léviathan*, trad. fr. F. Tricaud, Paris, Sirey, 1971.

HUTCHESON Francis, *An essay on the nature and Conduct of the passions and affections, with illustrations on the moral sense*, Indianapolis, Liberty Fund, 2003.

– *Système de philosophie morale*, trad. fr. J. Szpirglas, Paris, Vrin (à paraître).

KANT Emmanuel, *Critique de la raison pratique*, trad. fr. F. Picavet, Paris, P.U.F., 1960.

– *Métaphysique des mœurs, Doctrine du droit*, trad. fr. A. Philonenko, Paris, Vrin, 1971.

– *Anthropologie du point de vue pragmatique*, trad. fr. M. Foucault, Paris, Vrin, 1994.

LEIBNIZ Gottfried, *Système nouveau de la nature et de la communication des substances*, Paris, GF-Flammarion, 1994.

LEGRAND Antoine, *Le sage des Stoïques ou l'homme sans passion selon les sentiments de Sénèque*, La Haye, 1663.

MALEBRANCHE Nicolas, *De la recherche de la vérité*, Livres I-III, Paris, Vrin, 2006.

– *Traité de morale*, Paris, Vrin, 1977.

– *Entretiens sur la métaphysique et la religion*, Paris, Vrin, 1984.

REYNOLDS Edward, *A Treatise of the passions and faculties of the soul of man, with the several dignities and corruptions there unto belonging*. In Works, vol. VI, nlle éd. London, 1826.

SHAFTESBURY Anthony, *Essai sur le mérite et la vertu*, trad. fr. D. Diderot, Paris, Alive, 1998.

STAËL Germaine de, *De l'influence des passions sur le bonheur des individus et des nations*, Paris, Payot et Rivages, 2000.

SPINOZA Baruch, *Éthique*, trad. fr. B. Pautrat, Paris, Seuil, 1988.

VAIR Guillaume du, *Philosophie morale des Stoïques*, 1585.

Philosophie contemporaine

DARWIN Charles, *The expression of the emotions in man and animals*, Gutenberg.org/ebooks 1227 ; trad. fr. S. Pozzi, R. Benoit, *L'expression des émotions chez l'homme et les animaux*, Paris, Reinwald, 1890.

RIBOT Théodule, *Essai sur les passions*, Paris, Alcan, 1907.

EKMAN Paul, « An argument for basic emotions », *Cognition and Emotion*, 1992/6, p. 169–200.

GRIFFITHS Paul E., *What emotions really are, The problem of Psychological categories*, Chicago and London, The University of Chicago Press, 1997.

JOHNSON Gregory, « Theories of emotion », *The Internet Encyclopedia of Philosophy*, http://www.iep.utm.edu/ today's date.

JAMES William, *The principles of psychology* (1890), chap. 24 ; trad. fr. G. Dumas, *La théorie de l'émotion*, Paris, Alcan, 1903 ; repr. dans *Les émotions*, S. Nicolas (dir.), Paris, l'Harmattan, 2006.

LEWIS Michaël, « The emergence of human emotion », in *The handbook of emotions*, M. Lewis, J. M. Haviland-Jones and L. Feldman Barett (eds), New York-London, The Guilford Press, 2008, p. 304-319.

NUSSBAUM Martha. « Emotions as judgements of value and importance », *in* R. C. Solomon (ed.), *Thinking about feeling :*

Contemporary philosophers on emotions, New York, Oxford University Press, 2004, p. 183–199.

ROSEMAN Ira, « Cognitive determinants of emotions », *Review of personality and social psychology*, vol. V, Peter Shaver (ed.), « Emotions, relationship and health », Beverly Hills, CA, Sage, 1984, p. 11-36.

TABLE DES MATIÈRES

Présentation du texte, par Michel Malherbe............ 7

David Hume
DISSERTATION SUR LES PASSIONS

Section I.. 14
Section II... 26
Section III.. 58
Section IV.. 66
Section V... 74
Section VI.. 78

Michel Malherbe
LES PASSIONS, LA PASSION

Chapitre premier : Expérience ou science................... 93
    Question de vocabulaire....................................... 93
    Les passions peuvent-elles être un objet de science ?..... 95
    Problématique... 105

Chapitre II : La passion du bien.......................... 111
    La vertu et la passion : Aristote.......................... 111
    La béatitude et la passion : Thomas d'Aquin........ 119

CHAPITRE III : LE CORPS ET L'ÂME, LE CORPS ET L'ESPRIT 129
    Une problématique métaphysique et épistémologique....   129
    Le dualisme et ses avatars   134
    Le monisme et ses concessions   143
    Causalité mentale et causalité physique dans la passion.   148
    Une solution épistémologique ? Hume...........................   157
    Une psychologie naturaliste suffit-elle à l'explication des
        passions ?   165
    Passion et intentionnalité..   172

CHAPITRE IV : LE SYSTÈME DES PASSIONS 177
    Construire un système des passions 177
    Thomas d'Aquin, Descartes, Hobbes, Hume 183
    Un système contemporain 193

CHAPITRE V : LES PASSIONS ET LA RAISON.......................... 197
    La volonté.. 197
    Les sources de la perfection : Reynolds 201
    L'avers et l'envers : la raison et les passions chez les
        Stoïciens.. 206
    Un combat sans adversaire : Hume vs Kant................... 211

BIBLIOGRAPHIE SÉLECTIVE 221

TABLE DES MATIÈRES 225

Imprimé en France par CPI (130222)
en août 2015
Dépôt légal : août 2015